한 권으로 끝내는

KB025177

초등 입학 준비 끝!

수학

Mirae N 아이세움

한 권으로 끝내는 초등 입학 준비

자녀가 초등학교 입학을 앞둔 학부모는 준비할 것도, 걱정도 많아집니다.
유치원에서 한글이나 수 세기와 같은 기본 교육을 받았지만
'내 아이가 학교 교육과정을 따라가지 못하면 어쩌지?' 하는 두려움이 들기 때문입니다.

〈한 권으로 끝내는 초등 입학 준비 끝!〉 시리즈는

초등 입학 전 자녀를 둔 부모님들의 이런 걱정을 말끔히 해소해 줄 초등 예비 학습서입니다.
한글, 수학, 영어, 한자, 학교생활 다섯 영역별로 초등학교에 들어가기 전에
알아야 할 필수 문제를 실어, 차근차근 초등 입학 준비를 할 수 있습니다.

1 개정된 초등 교육과정을 반영한 입학 전 필수 문제로 구성!

한글, 수학, 영어, 한자, 학교생활로 구성된 5권의 책에는 개정된 초등 교육과정을 반영한
필수 문제들이 실려 있습니다. 달라진 교과서에 맞추어 1학년 초등 교과서를 심층 분석하여
초등학교 입학을 앞둔 어린이들에게 꼭 필요한 내용을 선별하여 문제로 엮었습니다.

한글 낱말, 글자, 문장 표현 등을 익히면서 초등학교 국어 교육과정을 미리 학습합니다.
수학 수와 연산, 도형, 측정 등을 익히면서 초등학교 수학 교육과정을 미리 학습합니다.
영어 알파벳, 낱말, 문장 표현, 생활 회화 등을 익히면서 초등학교 영어 교육과정을 미리 학습합니다.
한자 한자능력검정시험 7, 8급에 출제되는 한자를 익히면서 초등학교 필수 한자를 미리 학습합니다.
학교생활 학교 규칙, 예절, 안전 등을 익히면서 학교생활에 완벽하게 적응할 수 있는 자신감을 기릅니다.

2 내실 있는 알찬 문제로 초등 교과 학습 내용을 미리 공부!

〈한 권으로 끝내는 초등 입학 준비 끝! 수학〉은 초등학교에 입학하기 전에
꼭 알아야 할 수학 문제들을 총정리할 수 있도록 엮었습니다.
유아 학습지처럼 쉽게 실전에 가까운 선행 학습을 할 수 있도록 구성했습니다.

3 '학습 체크리스트'로 영역별 학습 목표를 정확히 알고 차근차근 학습 완료!

각 영역별로 아이가 꼭 알아야 할 학습 목표를 '학습 체크리스트'로 제시하였습니다.
각 학습을 완료할 때마다 ☐ 안에 표시함으로써 아이가 무엇을 배웠는지,
부족한 부분은 무엇인지 파악하여 차근차근 학습을 완료해 나갈 수 있습니다.

초등 1학년 수학, 이렇게 지도하세요

1 1학년 수학, 쉽다고 방심은 금물!

초등학교 1학년 1학기의 수학은 대부분 유치원 때 배운 것들이어서 부모와 아이에게 수학은
'쉬운 과목'으로 느껴집니다. 하지만 쉽다고 방심해서는 안 됩니다. 수학은 연속성과 계열성이 있는
학문이어서, 초기에 기본 개념을 잘 익혀 두지 않으면, 다음 단계의 문제를 이해할 수 없기 때문입니다.

2 실물 놀이가 중요해요

1, 2학년은 아직 사물을 가지고 직접 움직이며 생각해야 하는 구체적 조작기여서 머릿속으로만
생각해서 문제를 풀기는 어렵습니다. 공깃돌이나 수 모형 등을 이용해 수와 연산의 기초 개념을
확실히 다질 수 있도록 하며, 도형 영역의 경우 생활 속에서 다양한 형태의 사물을 탐색해 보도록 합니다.

3 연산은 꾸준히 매일매일!

연산은 '수학의 기본적인 기능'으로 연산이 익숙해야 수학 문제를 효과적으로 풀 수 있습니다.
사고력 문제를 해결할 때 미숙한 연산 능력이 발목을 잡을 수도 있기 때문입니다.
계산의 실수가 없도록 반복적인 문제 풀이 훈련을 통해 연산에 자신감을 키워 주어야 합니다.

4 서술형 문제에 필수적인 어휘력

수학적 문제 해결력의 비중이 커지면서 서술형 문제를 많이 풀게 됩니다. 서술형 문제를 풀 때는
문제 속 어휘의 뜻을 정확히 알고 있어야 하며 내용 전체를 이해할 수 있어야 합니다.
어휘력과 문장 이해력이 부족할 경우, '15-7'의 계산은 할 수 있더라도
'래은이는 줄넘기를 15번 했고, 정우는 래은이보다 7번 적게 했습니다.
정우는 줄넘기를 몇 번 했을까요?'와 같은 문제를 풀지 못할 수도 있습니다.
독서를 통해 기본적인 어휘력과 이해력을 키우는 것도 수학을 잘하는 지름길입니다.

5 오답 노트의 중요성

학교에 들어가면 시험을 보게 됩니다. 시험 일정 발표가 나면 부모는 아이와 함께
교과서를 살피고 문제집을 푸는데, 이때 여러 권의 문제집을 푸는 것은 좋은 방법이 아닙니다.
자세히 살펴보면 아이는 틀렸던 문제와 비슷한 유형의 문제를 반복해서 틀리는 경우가 많기 때문입니다.
이러한 때 필요한 것이 '오답 노트'입니다. 자주 틀렸던 오답 노트의 문제들을 반복해서 풀다 보면
문제 유형에 익숙해지면서 문제 해결 방법을 익히게 됩니다.

초등 1학년 수학, 체크 포인트!

1학년 1학기

1. 9까지의 수
9까지의 수의 개념을 이해하고, 수를 세고 읽고 쓰는 법을 배웁니다. 아이가 숫자를 순서에 맞게 바른 모양으로 쓰는지 확인해 봅니다. 또한 1부터 9까지 순서대로 세기와 함께 9부터 1까지 거꾸로 세기도 할 수 있는지와 기수와 함께 순서수의 개념과 용어를 아는지도 확인합니다. 간혹 순서를 셀 때 첫 번째, 두 번째로 세지 않고 하나, 둘, 셋…으로 세는 아이가 있기 때문입니다.

2. 여러 가지 모양
아이들에게 친숙한 문제 상황 속에서 ▰, ▮, ● 모양을 관찰하여 같은 모양을 찾아보고, 그 특징을 직관적으로 파악해 봅니다. ▰, ▮, ● 모양에 이름을 붙이기보다는 모양의 특징을 알아보고, 여러 가지 모양을 만들어 볼 수 있도록 하여 공간 감각을 키웁니다. 일상생활에서도 같은 모양을 찾으며 여러 가지 모양을 경험해 보는 것이 중요합니다.

3. 덧셈과 뺄셈
먼저 9 이하의 주어진 수를 두 수로 가르고, 두 수를 하나의 수로 모으는 활동을 통해 덧셈과 뺄셈의 기초를 확고히 합니다. 그다음 덧셈과 뺄셈의 개념을 학습하고, 이를 식으로 나타내고 읽는 연습을 합니다. 또한 어떤 수에 0을 더하거나 빼도 결과가 같음을 알아봅니다. 여기서는 계산 능력과 함께 어휘력도 중요합니다. '모두, 모으며, 꺼내면' 등의 어휘가 덧셈과 뺄셈 중 어떤 뜻인지 알 수 있어야 합니다.

4. 비교하기
여러 가지 양적 속성(길이, 높이, 무게, 넓이, 들이)에 따른 두 가지 또는 세 가지 대상을 비교할 수 있는 다양한 방법을 알아봅니다. 아직은 측정 단위가 나오지 않고 시각적으로 비교하는 활동을 주로 합니다. 다양한 측정 방법에 익숙해지도록 생활 속에서 길이, 높이, 들이 등의 비교와 측정 활동을 많이 해 보는 것이 좋습니다.

5. 50까지의 수
50까지의 수를 세고 10개씩 묶음과 낱개로 수를 이해합니다. 이 단원에서는 자리 수에 대한 개념을 확실히 해야 합니다. 12와 21은 다른 수이며, 21이 12보다 큰 수라는 것을 알고, '삼십일'은 301이 아니라 31로 쓴다는 것을 확실하게 익혀야 합니다.

1학년 2학기

1. 100까지의 수
10개씩 묶어 세기를 통해 60, 70, 80, 90을 알고, 구체물을 통하여 99까지의 수를 몇십 몇으로 쓰고 읽는 법을 배웁니다. 99보다 1 큰 수가 100임을 이해하고, 수의 순서, 두 수의 크기를 비교하며 두 자리 수에 대한 구조를 이해할 수 있습니다.

2. 덧셈과 뺄셈 (1)
두 자리 수의 범위에서 받아올림이 없는 덧셈과 받아내림이 없는 뺄셈에 대해 배웁니다. 실생활에서 덧셈과 뺄셈이 필요한 이유를 찾아보고, 직접 문제 해결을 해 보면 도움이 됩니다. 문제 해결 과정을 수학적 표현을 사용하여 말하고, 그림으로 나타내기, 식 만들기, 이어 세기 등 다양한 방법을 통해 덧셈과 뺄셈을 해결해 봅니다.

3. 여러 가지 모양
다양한 상황 속에서 여러 가지 모양을 경험하고 같은 모양을 찾아보는 활동을 통해 입체도형의 일부분으로서 ■, ▲, ● 모양을 알아봅니다. ■, ▲, ● 모양을 사용하여 여러 가지 모양을 만들거나 꾸며 볼 수 있습니다. 일상생활 속에서도 다양한 모양을 찾고 꾸며 보며 ■, ▲, ● 모양을 직관적으로 파악해 봅니다.

4. 덧셈과 뺄셈 (2)
두 자리 수의 범위에서 세 수의 덧셈과 뺄셈에 대해 배웁니다. 이 단원에서는 세 수의 덧셈이 필요한 상황을 이해하고, 어휘와 문장에 대한 이해를 높이는 것이 필요합니다. 합이 10이 되는 두 수를 이용하여 세 수의 덧셈을 하는 방법에 대해서도 익힙니다.

5. 시계 보기와 규칙 찾기
몇 시와 몇 시 30분 시계 읽기를 해 봅니다. 일상생활 속에서 시각을 말해 보고, 모형 시계를 돌려 보며 시각을 읽어 보는 경험을 해 봅니다. 물체, 무늬, 수 배열 등에서 규칙을 찾아 여러 가지 방법으로 나타낸 뒤, 다시 자신이 정한 규칙에 따라 배열해 봅니다. 규칙을 처음 찾을 때는 규칙이 잘 보이도록 연필로 끊어 가며 규칙을 표시하는 것도 좋습니다.

6. 덧셈과 뺄셈 (3)
10을 이용한 모으기와 가르기를 배운 뒤, 이를 활용해 수를 분해하여 받아올림이 있는 덧셈과 받아내림이 있는 뺄셈을 배웁니다. 개념을 확실히 하기 위해 공깃돌, 바둑돌 등을 이용해 직접 가르기와 모으기 놀이를 해 보는 것이 좋습니다.

수와 연산

100까지의 수를 익히고,
받아올림과 받아내림이 있는
덧셈과 뺄셈을 할 수 있습니다.

학습 체크리스트

- 9까지의 수 알기
- 9까지의 수에서 수의 순서 알기
- 9까지의 수에서 두 수의 크기 비교하기
- 수 0 알기
- 두 수로 가르기
- 두 수를 모으기
- 9 이하의 더하기
- 9 이하의 빼기
- 50까지의 수 알기
- 50까지의 수에서 수의 순서 알기
- 50까지의 수에서 두 수의 크기 비교하기
- 100까지의 수 알기
- 100까지의 수에서 수의 순서 알기
- 100까지의 수에서 두 수의 크기 비교하기
- 10을 두 수로 가르기
- 10이 되도록 두 수를 모으기
- 10이 되는 더하기
- 10에서 빼기

- 세 수의 덧셈
- 세 수의 뺄셈
- 세 수의 계산
- 받아올림이 없는 덧셈
- 받아내림이 없는 뺄셈
- 받아올림·받아내림이 없는 덧셈과 뺄셈
- 받아올림이 있는 덧셈
- 받아내림이 있는 뺄셈
- 받아올림·받아내림이 있는 덧셈과 뺄셈
- 받아올림이 있는 세 수의 덧셈
- 받아내림이 있는 세 수의 뺄셈
- 받아올림·받아내림이 있는 세 수의 덧셈과 뺄셈
- 덧셈식 만들기
- 뺄셈식 만들기
- □가 있는 덧셈식 만들기
- □가 있는 뺄셈식 만들기
- 식 만들어 계산하기
- 문장 보고 식 만들기

9까지의 수 알기

감의 개수를 세어 보고, ☐ 안에 알맞은 수를 쓰세요.

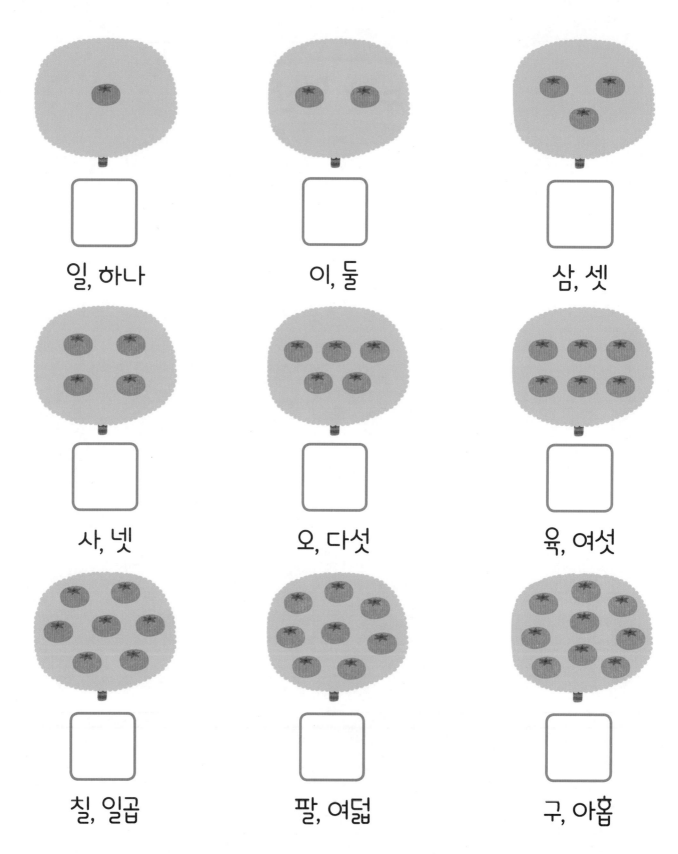

일, 하나

이, 둘

삼, 셋

사, 넷

오, 다섯

육, 여섯

칠, 일곱

팔, 여덟

구, 아홉

　숫자를 쓰고 큰 소리로 읽어 보면서, 1에서 9까지의 수 이름과 개념을 익히는 활동입니다.

9까지의 수 알기

음식의 개수를 세어 보고, 알맞은 수나 수 이름에 ○표 하세요.

2   3   4   5

6   7   8   9

여섯   일곱   여덟   아홉

9까지의 수 알기

바구니에 쓰인 수만큼 사과에 색칠하세요.

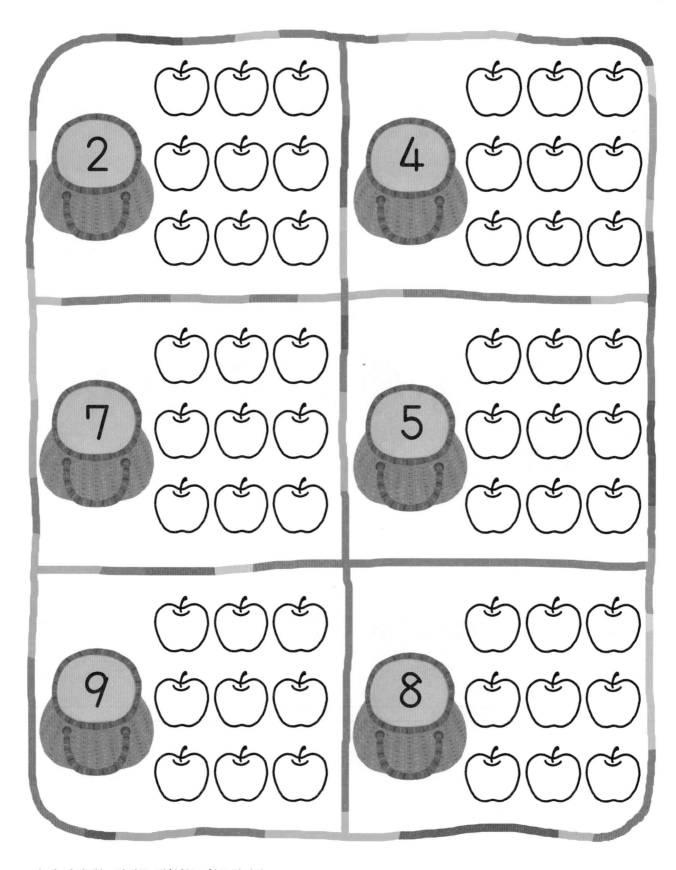

수가 나타내는 양만큼 색칠하는 활동입니다.

9까지의 수 알기

음식이 몇 개인지 세어 보고, 같은 수끼리 선으로 이으세요.

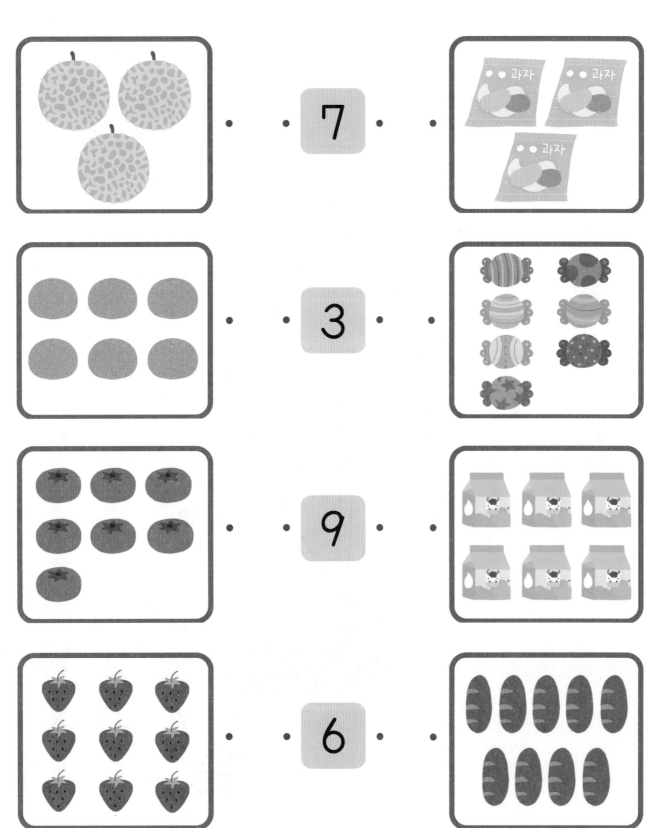

9까지의 수 알기

1에서 9까지의 수를 순서대로 선으로 이어 보세요.
어떤 그림이 나오는지 살펴보고, 예쁘게 색칠하세요.

9까지의 수에서 수의 순서 알기

앞에서부터 순서에 맞게 알맞은 수를 ☐ 안에 쓰세요.

| 1 | | 3 | 4 | 5 | | 7 | | 9 |

앞에서부터 순서에 맞는 요정에 ○표 하세요.

| 셋째 |
| 여섯째 |
| 아홉째 |

앞에서부터 첫째, 둘째, 셋째, 넷째, … 수의 순서를 알아보는 활동입니다.

9까지의 수에서 수의 순서 알기

요정이 길을 잃었어요. 수의 순서대로 집을 찾아가 보세요.

9까지의 수에서 수의 순서 알기

가운데 과자의 수를 세어 보고, 왼쪽 접시에는 1 작은 수,
오른쪽 접시에는 1 큰 수를 ☐ 안에 쓰고, 그 수만큼 색칠하세요.

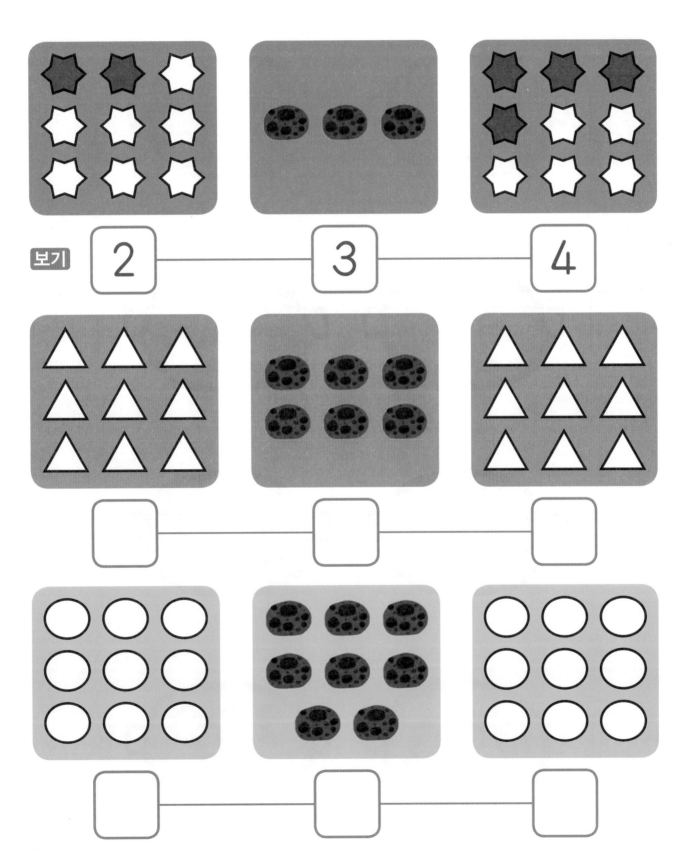

보기   2 —— 3 —— 4

9까지의 수에서 두 수의 크기 비교하기

바구니에 담긴 물건의 수를 세어 □ 안에 쓰고,
더 큰 수의 바구니에 ◯표 하세요.

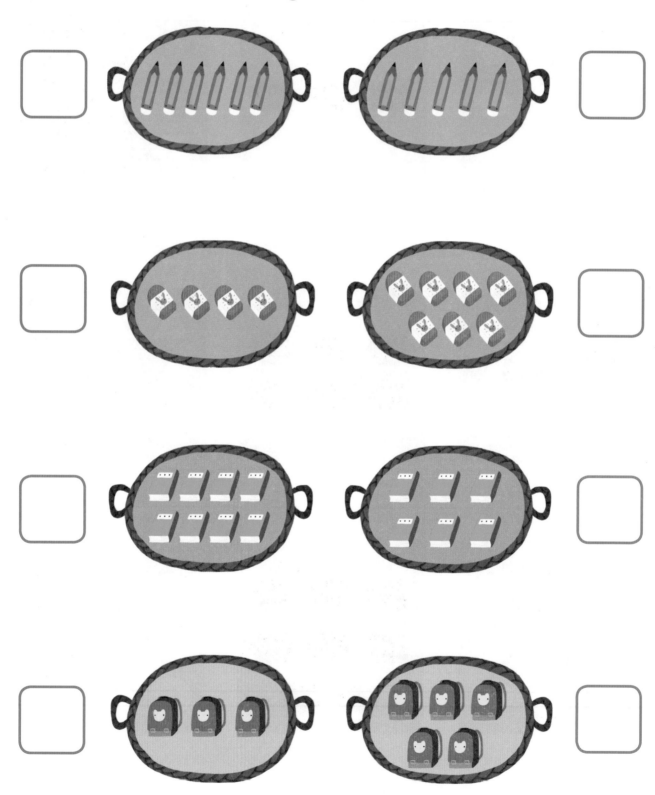

9까지의 수에서 두 수의 크기 비교하기

두 수의 크기를 비교하여 빈칸에 >, =, <를 알맞게 넣으세요.

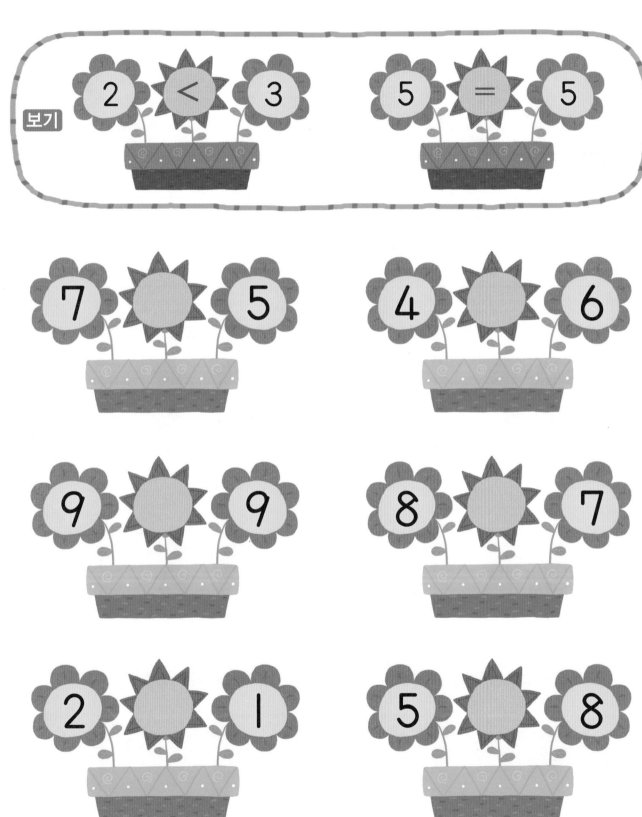

보기

2 < 3

5 = 5

7 ☐ 5

4 ☐ 6

9 ☐ 9

8 ☐ 7

2 ☐ 1

5 ☐ 8

두 수의 크기를 비교하여 기호(>, =, <)로 나타내 보는 활동입니다.

수 0 알기

어항 속에 있는 것을 세어 보고, ☐ 안에 알맞은 수를 쓰세요.

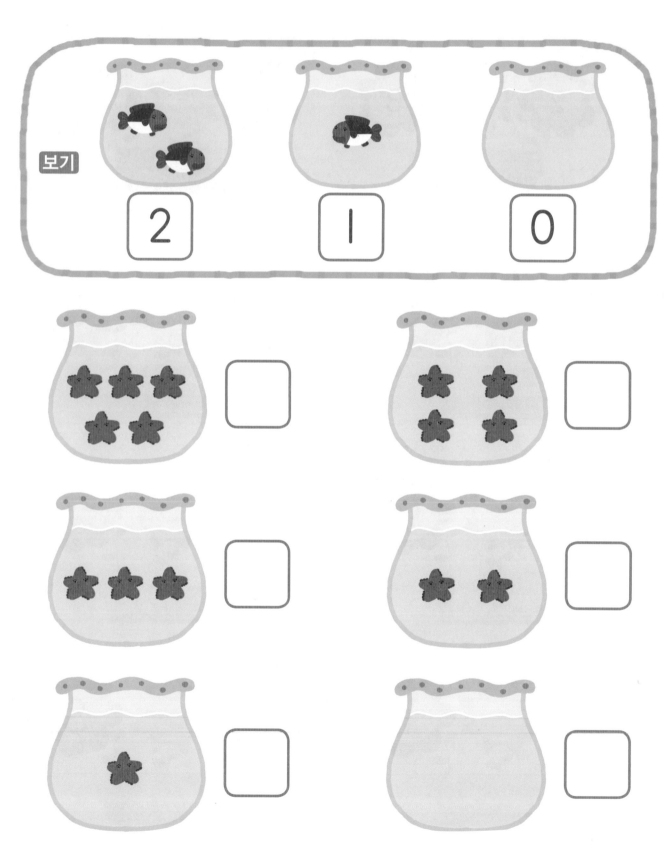

아무것도 없는 것을 '0'이라 쓰고, '영'이라고 읽습니다.

두 수로 가르기

그림을 보고, 두 수로 갈라서 ☐ 안에 알맞은 수를 쓰세요.

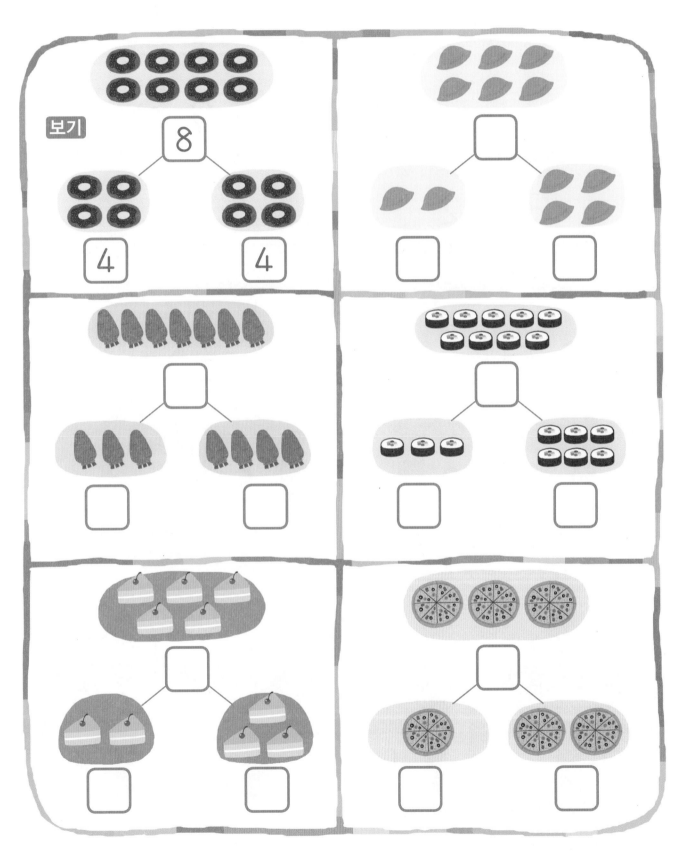

보기

8

4   4

두 수로 가르기

지붕에 쓰인 수를 두 수로 갈랐어요. ☐ 안에 알맞은 수를 쓰세요.

보기

두 수를 모으기

상자의 장난감을 모아 보고, ☐ 안에 알맞은 수를 쓰세요.

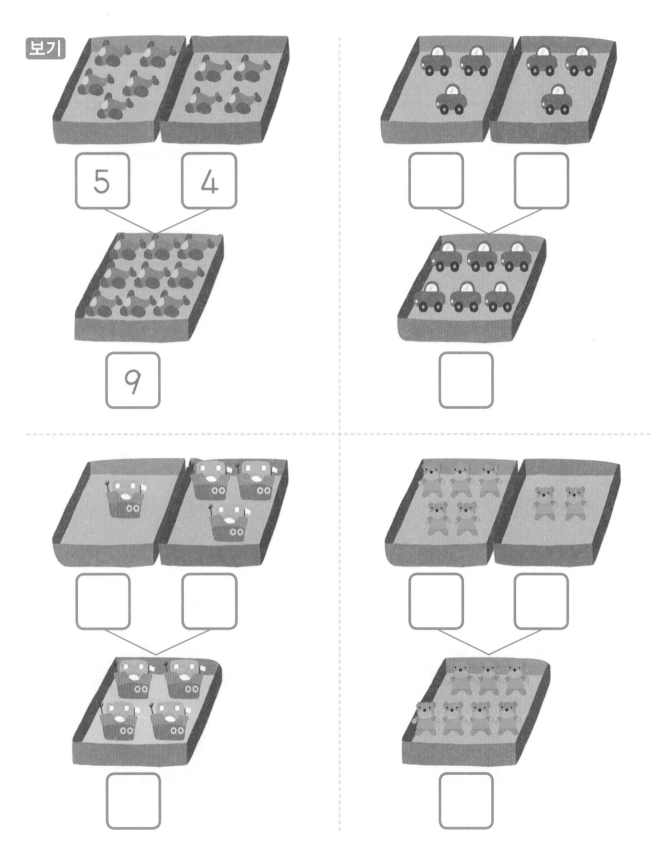

보기

5 4

9

두 수를 모으기

두 수를 모아 보고, ☐ 안에 알맞은 수를 쓰세요.

보기

2	5	
	7	

3	2	
	☐	

2	4	
	☐	

2	1	
	☐	

6	3	
	☐	

5	3	
	☐	

수를 가르거나 모으는 활동은 더하기와 빼기의 기초 활동입니다.

9 이하의 더하기

참새는 모두 몇 마리인지 알맞은 덧셈식과 답을 찾아
선으로 이으세요.

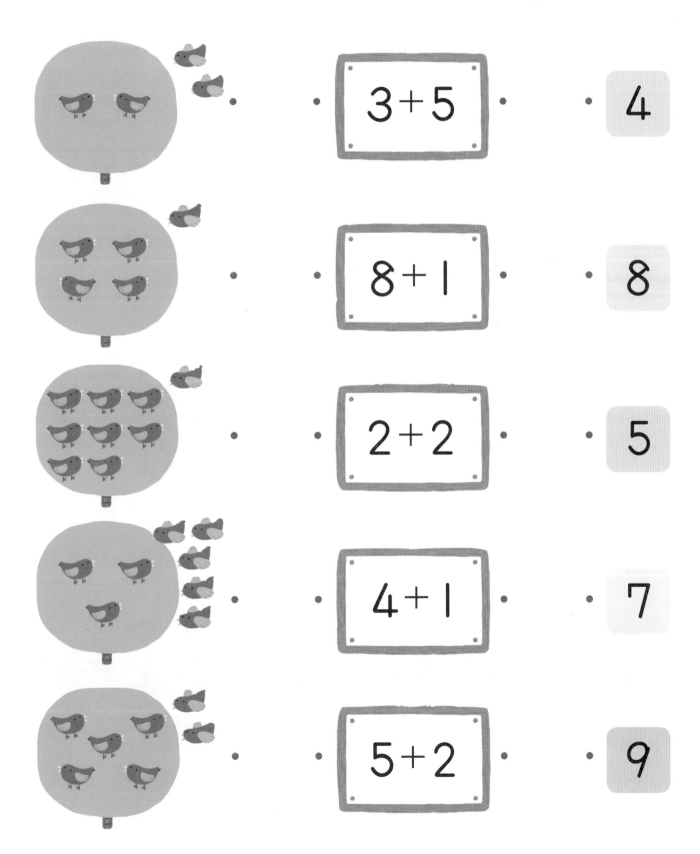

3+5 · · 4

8+1 · · 8

2+2 · · 5

4+1 · · 7

5+2 · · 9

9 이하의 더하기

정류장의 동물들이 모두 버스에 타면 버스 안의 동물들은
모두 몇 마리가 되는지 덧셈을 하여 ☐ 안에 알맞은 수를 쓰세요.

$$1 + 3 = \boxed{4}$$

$$4 + 2 = \boxed{}$$

$$6 + \boxed{} = \boxed{}$$

$$5 + 2 = \boxed{}$$

$$2 + \boxed{} = \boxed{}$$

'+'와 '=' 기호를 써서 덧셈식 '1+3=4'라 쓰고, '1 더하기 3은 4와 같습니다'로 읽습니다.

9 이하의 빼기

주머니에서 빼고 남은 구슬은 몇 개인지 알맞은 뺄셈식과
답을 찾아 선으로 이으세요.

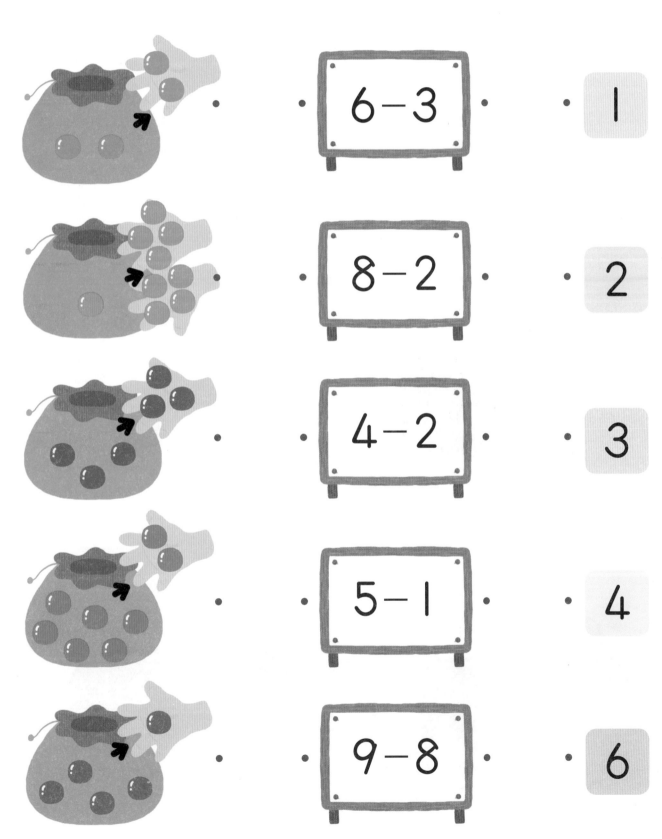

6 − 3

8 − 2

4 − 2

5 − 1

9 − 8

1

2

3

4

6

9 이하의 빼기

쟁반에 남아 있는 케이크는 몇 조각일까요?
뺄셈을 하여 □ 안에 알맞은 수를 쓰세요.

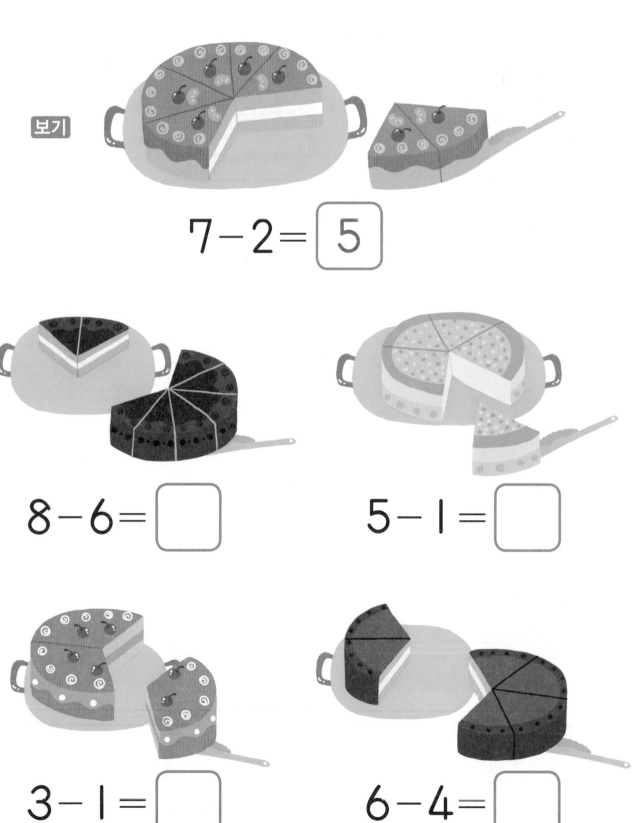

보기

$7 - 2 = \boxed{5}$

$8 - 6 = \boxed{}$

$5 - 1 = \boxed{}$

$3 - 1 = \boxed{}$

$6 - 4 = \boxed{}$

9 이하의 빼기

빨셈을 하고, 답을 찾아 선으로 이으세요.

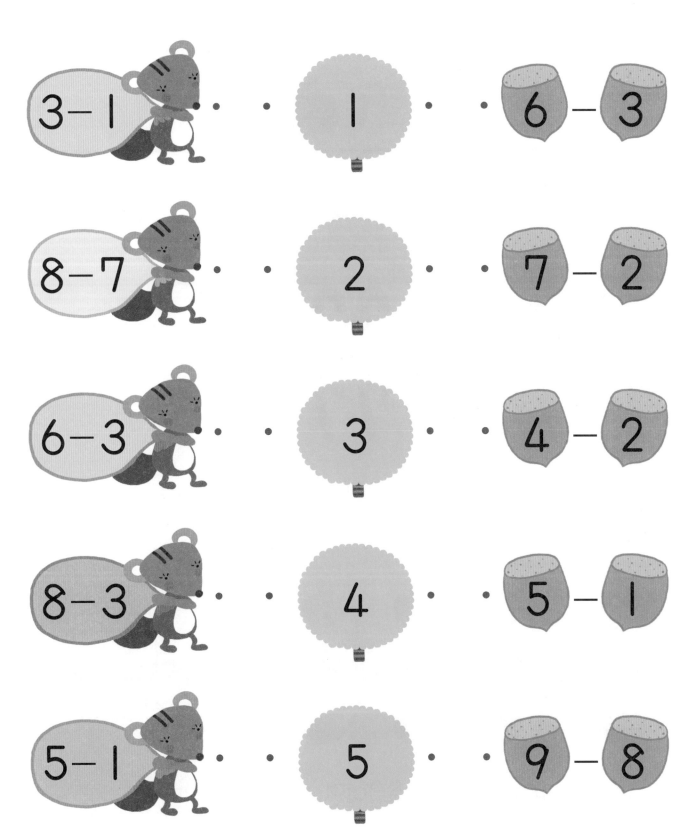

3 - 1 · · 1 · · 6 - 3

8 - 7 · · 2 · · 7 - 2

6 - 3 · · 3 · · 4 - 2

8 - 3 · · 4 · · 5 - 1

5 - 1 · · 5 · · 9 - 8

50까지의 수 알기

수와 연산

10개씩 묶어 보고, 모두 몇 개인지 ☐ 안에 알맞은 수를 쓰세요.

| 10 |
십, 열

☐
이십, 스물

10개씩 _____묶음이면 _____입니다.

☐
삼십, 서른

10개씩 _____묶음이면 _____입니다.

10개씩 묶음 수를 세어 몇십을 익히는 활동입니다.

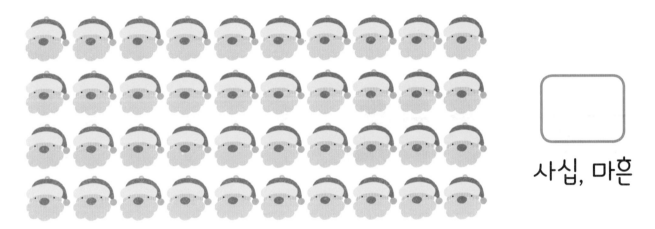

사십, 마흔

10개씩 _____묶음이면 _____입니다.

오십, 쉰

10개씩 _____묶음이면 _____입니다.

50까지의 수 알기

초콜릿 수는 몇 개일까요? ☐ 안에 알맞은 수를 쓰세요.

보기

13 십삼, 열셋

10개씩 __1__ 묶음과 낱개 __3__ 개는 __13__ 입니다.

☐ 이십칠, 스물일곱

10개씩 _____묶음과 낱개 _____개는 _____입니다.

☐ 삼십일, 서른하나

10개씩 _____묶음과 낱개 _____개는 _____입니다.

☐ 사십이, 마흔둘

10개씩 _____묶음과 낱개 _____개는 _____입니다.

28

50까지의 수 알기

동물들이 말하는 수만큼 바나나를 선으로 묶으세요.

29

50까지의 수에서 수의 순서 알기

그림의 빈칸에 순서에 알맞은 수를 쓰세요.

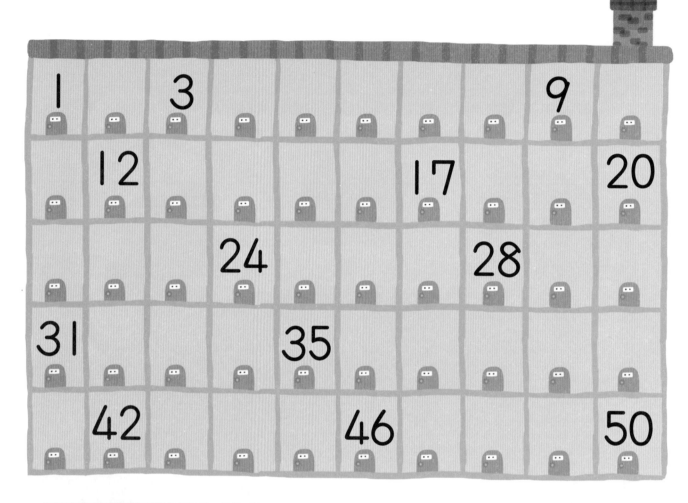

1		3						9	
11	12					17			20
			24				28		
31				35					
	42				46				50

| | | 15 | 16 | | |

| | | 21 | | |

| | | 38 | | |

| | | | | 50 |

50까지의 수에서
두 수의 크기 비교하기

동물들이 들고 있는 수보다 더 큰 수에 ○표 하세요.

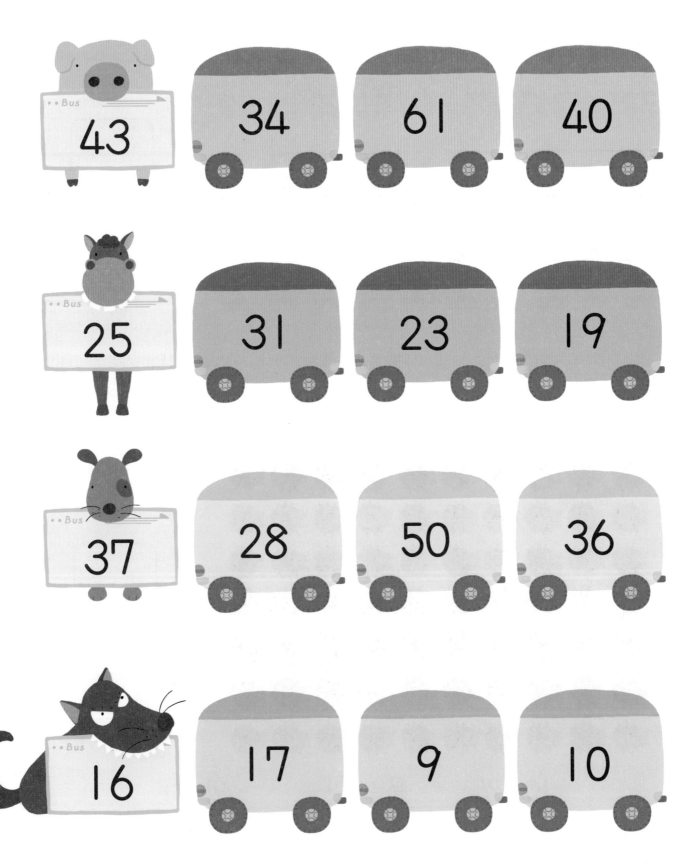

43 34 61 40

25 31 23 19

37 28 50 36

16 17 9 10

31

100까지의 수 알기

10개씩 묶어 보고, 모두 몇 개인지 ☐ 안에 알맞은 수를 쓰세요.

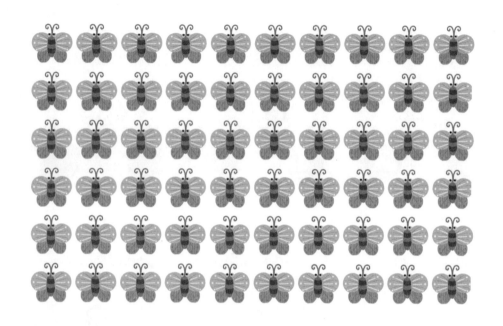

☐

육십, 예순

10개씩 _____묶음이면 _____입니다.

☐

칠십, 일흔

10개씩 _____묶음이면 _____입니다.

10개씩 묶음 수를 세어 100 이하의 몇십을 익히는 활동입니다.

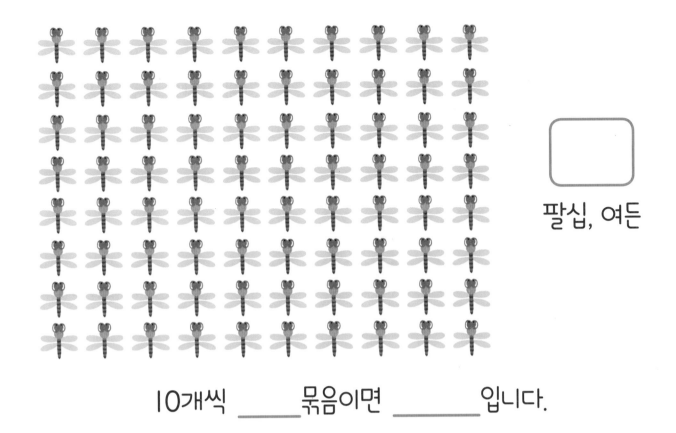

팔십, 여든

10개씩 _____묶음이면 _____입니다.

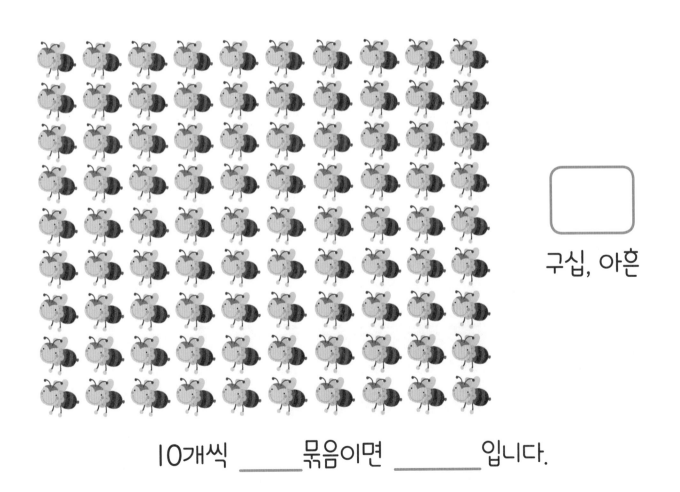

구십, 아흔

10개씩 _____묶음이면 _____입니다.

100까지의 수 알기

모두 몇 개를 던졌는지 세어 보고, ☐ 안에 알맞은 수를 쓰세요.

육십오, 예순다섯

10개씩 _____ 묶음과 낱개 _____ 개는 _____ 입니다.

팔십사, 여든넷

10개씩 _____ 묶음과 낱개 _____ 개는 _____ 입니다.

구십삼, 아흔셋

10개씩 _____ 묶음과 낱개 _____ 개는 _____ 입니다.

100까지의 수 알기

수와 연산

동물들이 말하는 수만큼 과자를 선으로 묶으세요.

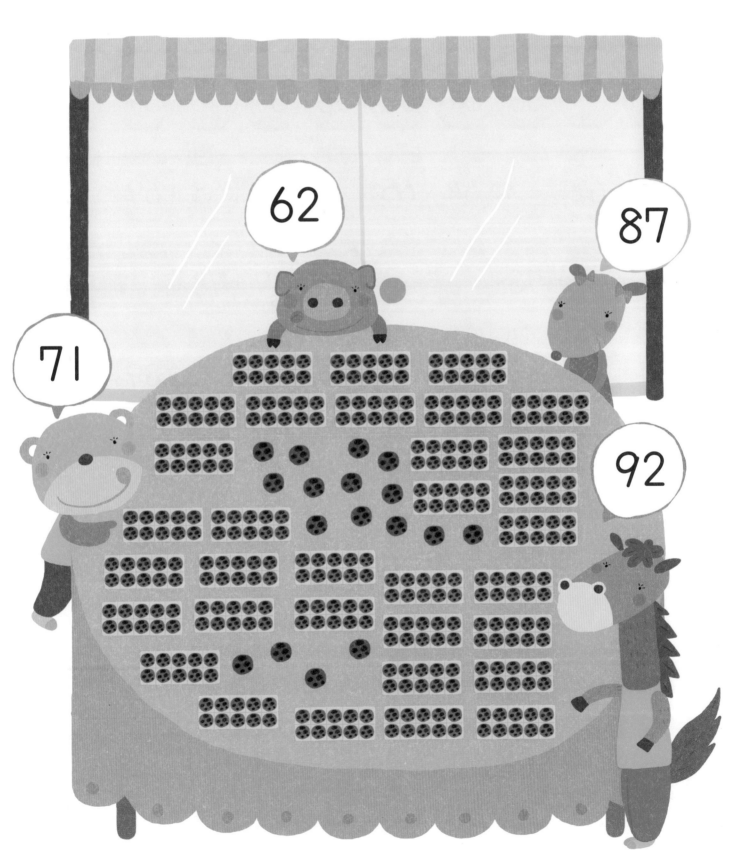

100까지의 수에서 수의 순서 알기

그림의 빈칸에 순서에 알맞은 수를 쓰세요.

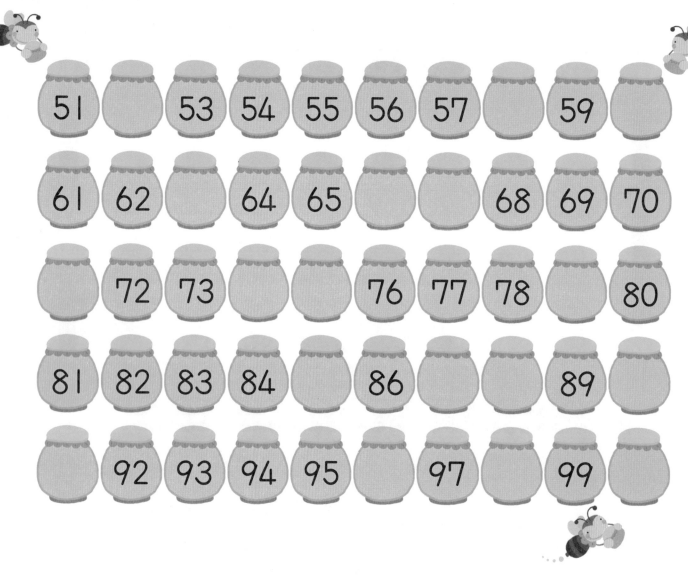

51		53	54	55	56	57		59	
61	62		64	65			68	69	70
	72	73			76	77	78		80
81	82	83	84		86			89	
	92	93	94	95		97		99	

10개씩 묶어 보고, ☐ 안에 알맞은 수를 쓰세요.

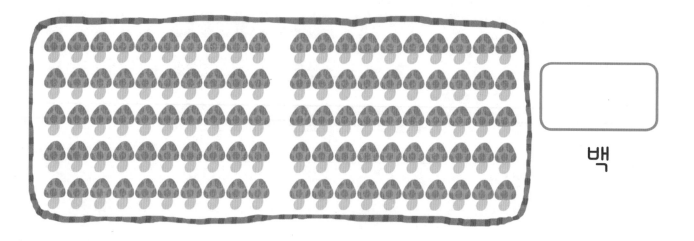

백

36

100까지의 수에서 수의 순서 알기

왼쪽에는 1 작은 수, 오른쪽에는 1 큰 수를 쓰세요.

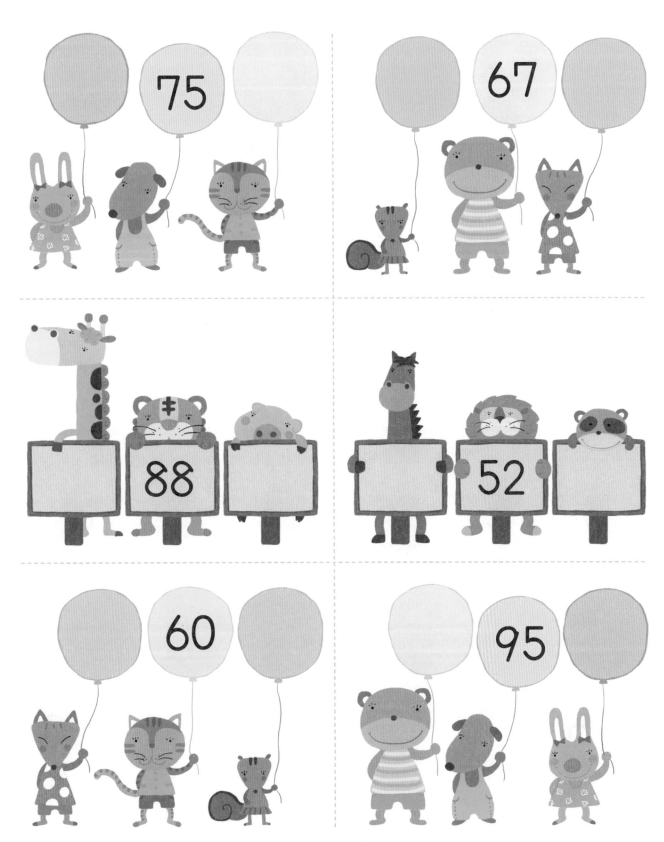

100까지의 수에서 두 수의 크기 비교하기

두 수를 비교하여 빈칸에 >, =, <를 알맞게 넣으세요.

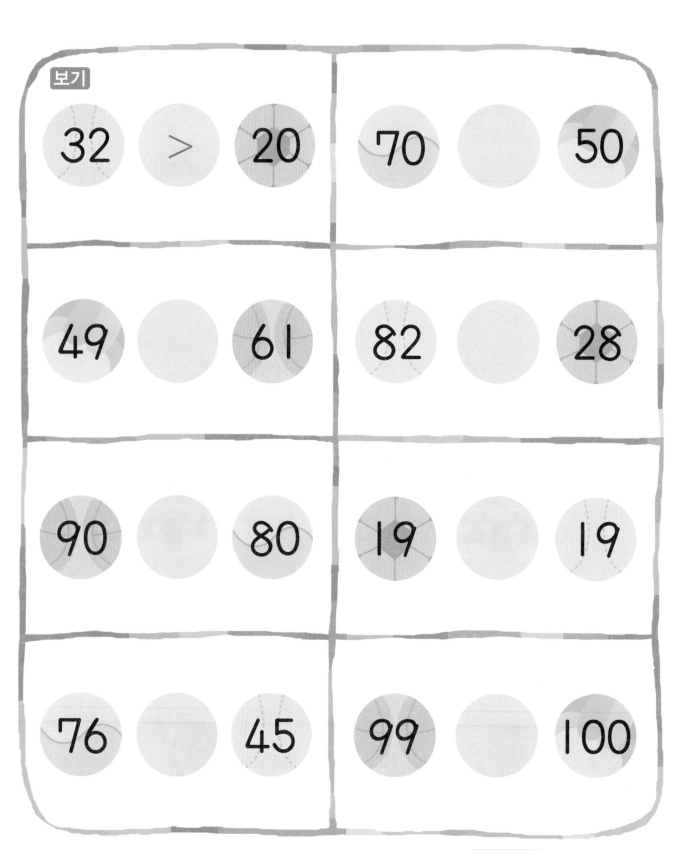

보기

32 > 20

70 ○ 50

49 ○ 61

82 ○ 28

90 ○ 80

19 ○ 19

76 ○ 45

99 ○ 100

10을 두 수로 가르기

사과 10개를 두 수로 가르려고 해요. 빈칸에 알맞은 수를 쓰세요.

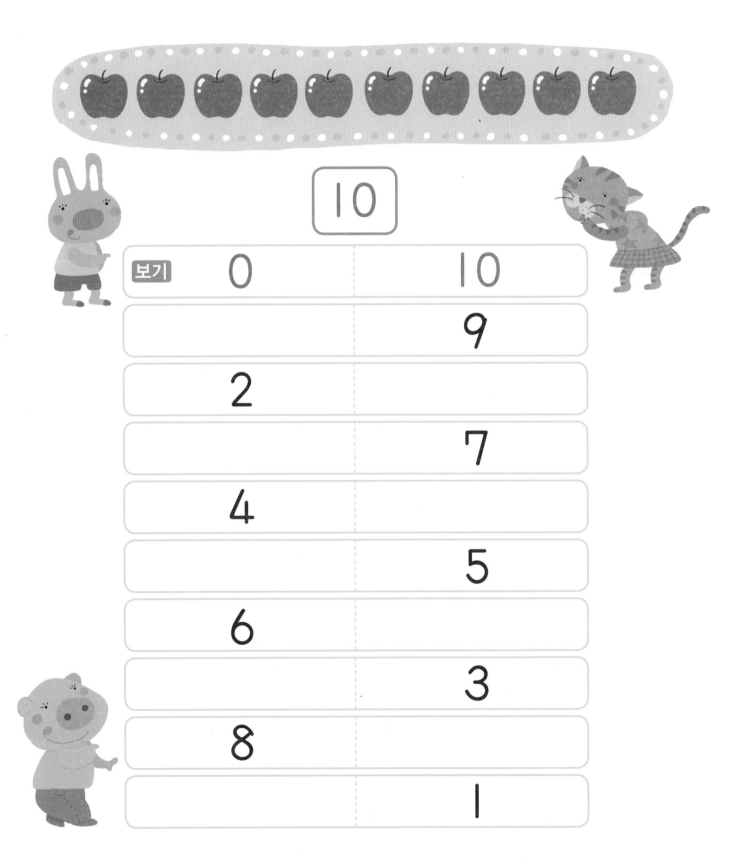

10

보기	0	10
		9
	2	
		7
	4	
		5
	6	
		3
	8	
		1

10이 되도록 두 수를 모으기

수와 연산

두 수를 모아 10을 만들려고 해요. 빈칸에 알맞은 수를 쓰세요.

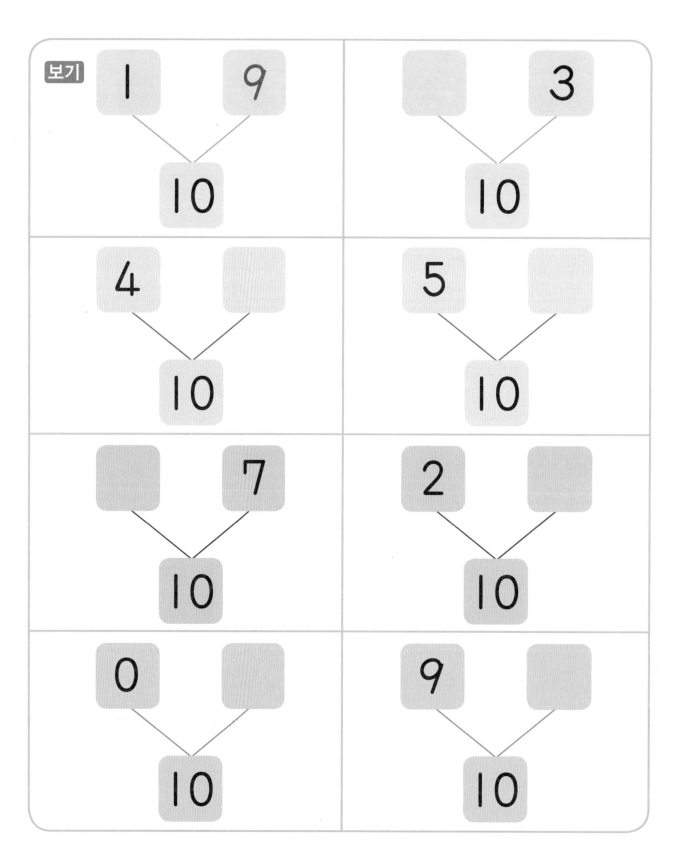

10을 가르거나 모으는 활동은 10이 되는 더하기, 빼기의 기초가 됩니다.

10이 되는 더하기

그림을 보고, ☐ 안에 알맞은 수를 쓰세요.

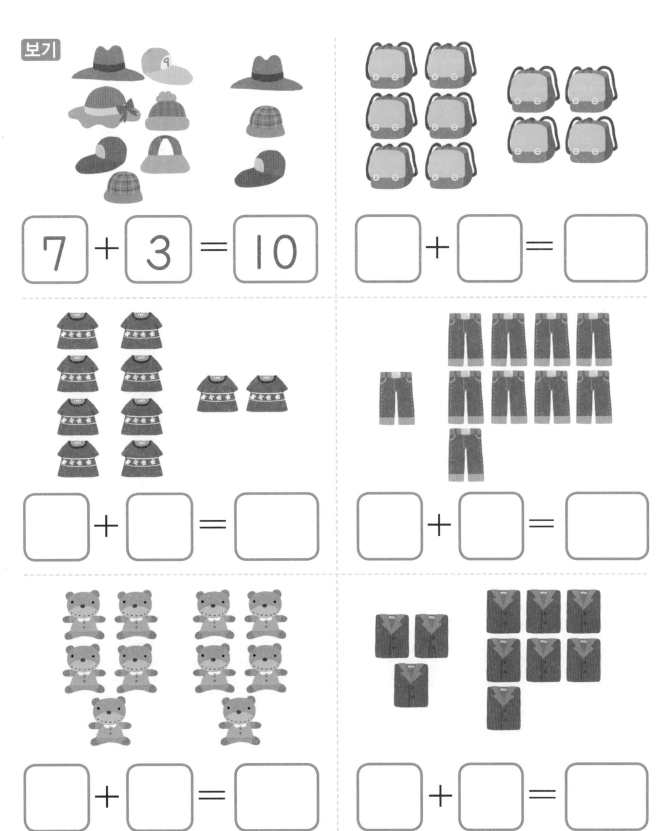

보기

$\boxed{7} + \boxed{3} = \boxed{10}$

$\boxed{} + \boxed{} = \boxed{}$

$\boxed{} + \boxed{} = \boxed{}$

$\boxed{} + \boxed{} = \boxed{}$

$\boxed{} + \boxed{} = \boxed{}$

$\boxed{} + \boxed{} = \boxed{}$

41

10이 되는 더하기

덧셈을 하여 답이 10인 꽃에 ○표 하세요.

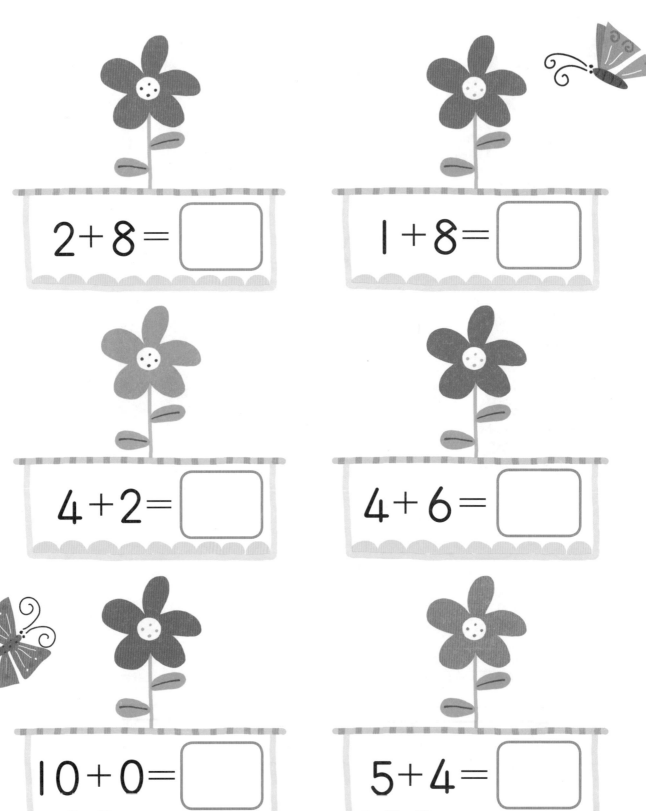

$2+8=$

$1+8=$

$4+2=$

$4+6=$

$10+0=$

$5+4=$

10에서 빼기

빨간색은 노란색보다 몇 개 더 많은지 알아보고,
☐ 안에 알맞은 수를 쓰세요.

보기

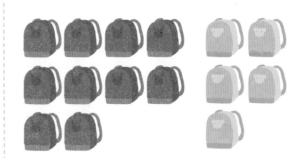

$$\boxed{10} - \boxed{1} = \boxed{9}$$

$$\boxed{} - \boxed{} = \boxed{}$$

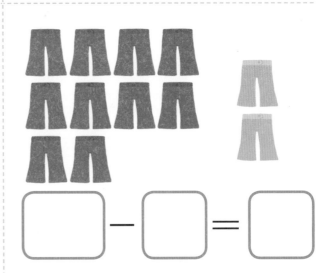

$$\boxed{} - \boxed{} = \boxed{}$$

$$\boxed{} - \boxed{} = \boxed{}$$

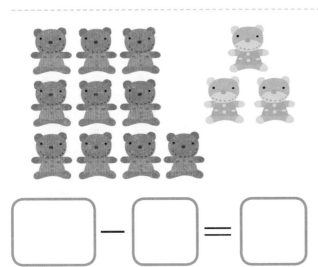

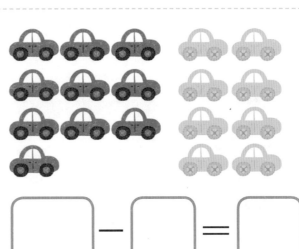

$$\boxed{} - \boxed{} = \boxed{}$$

$$\boxed{} - \boxed{} = \boxed{}$$

10에서 빼기

뺄셈을 하여 답과 같은 수의 선물 상자를 찾아 선으로 이으세요.

$10-9=\boxed{}$

$10-3=\boxed{}$

$10-0=\boxed{}$

| 9 | 10 | 5 | 1 | 7 |

44

세 수의 덧셈

식에 맞게 빈 접시에 사과를 그리고,
모두 몇 개인지 ☐ 안에 알맞은 수를 쓰세요.

$2+3+4=$ ☐

$5+1+2=$ ☐

$1+5+1=$ ☐

45

세 수의 덧셈

세 수의 덧셈을 하여 답이 가장 큰 수의 옷을 색칠하세요.

1 +2+5

4+2+2

3+4+1

2+5+2

세 수의 뺄셈

식에 맞게 아이스크림을 /으로 지우고, ☐ 안에 알맞은 수를 쓰세요.

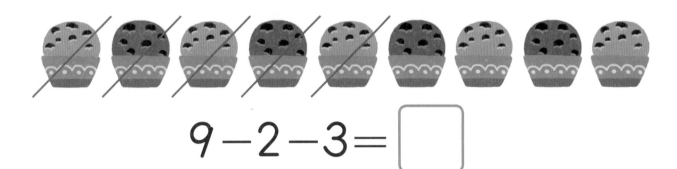

$$9 - 2 - 3 = \boxed{}$$

$$7 - 1 - 3 = \boxed{}$$

$$8 - 4 - 1 = \boxed{}$$

47

세 수의 뺄셈

피자에 쓰인 세 수의 뺄셈을 하고,
답과 같은 수가 쓰인 옷을 입은 선수를 찾아 선으로 이으세요.

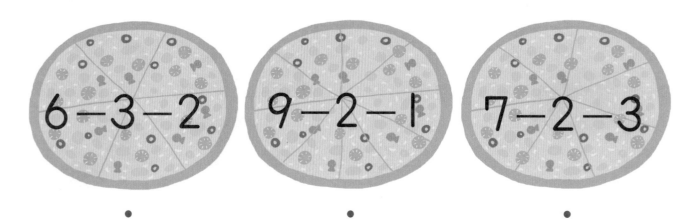

48

세 수의 계산

집에 쓰인 식을 계산하고,
아기 토끼가 들고 있는 수와 답이 같은 집에 ○표 하세요.

세 수를 더하거나 빼서 아기 토끼의 집을 찾아 주는 활동입니다.

받아올림이 없는 덧셈

초콜릿은 모두 몇 개인지 그림을 보고, 식을 완성하세요.

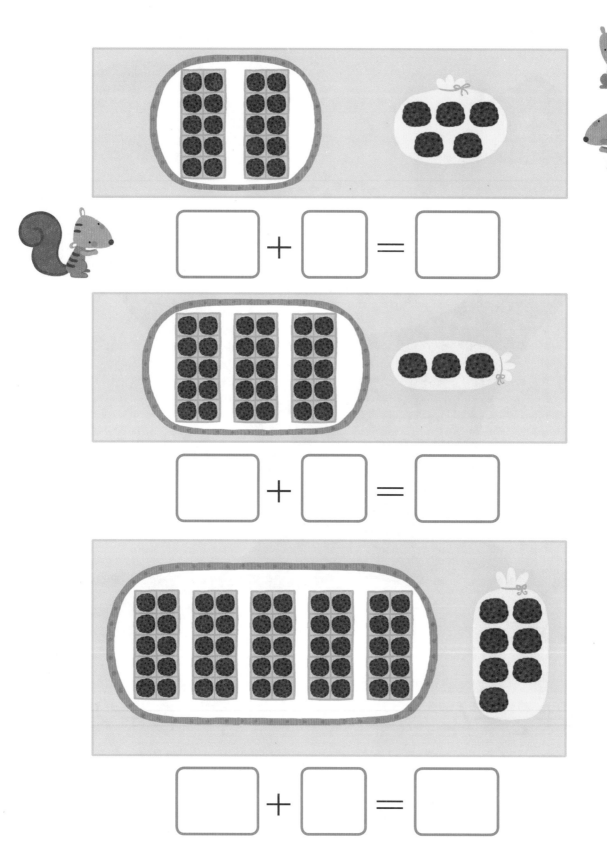

☐ + ☐ = ☐

☐ + ☐ = ☐

☐ + ☐ = ☐

받아올림이 없는 덧셈

수와 연산

달걀은 모두 몇 개인지 그림을 보고, ☐ 안에 알맞은 수를 쓰세요.

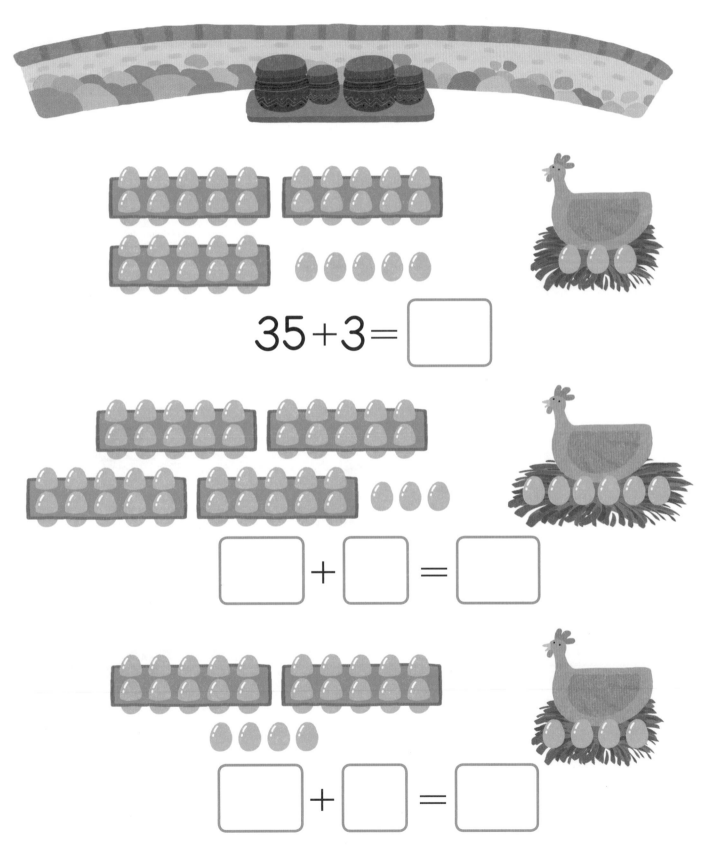

$$35 + 3 = \boxed{}$$

$$\boxed{} + \boxed{} = \boxed{}$$

$$\boxed{} + \boxed{} = \boxed{}$$

받아올림이 없는 덧셈

엄마 닭에 쓰인 덧셈을 하여 답이 같은 병아리를 골라
보기 처럼 선으로 묶으세요.

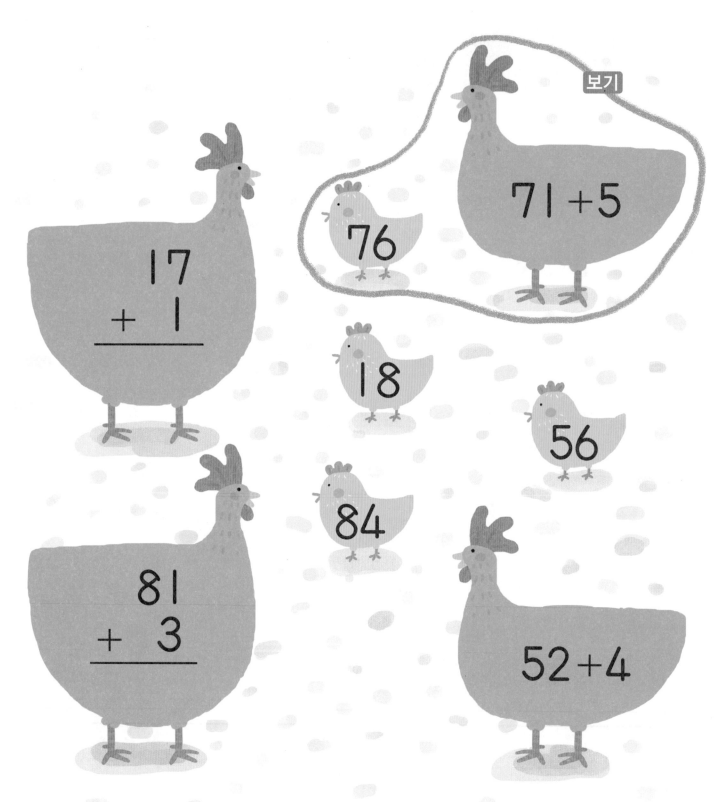

보기

$$17 + 1$$

$$71 + 5$$

76

18

56

$$81 + 3$$

84

$$52 + 4$$

52

받아올림이 없는 덧셈

사탕은 모두 몇 개인지 그림을 보고, ☐ 안에 알맞은 수를 쓰세요.

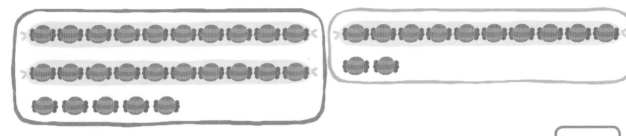

낱개 사탕은 모두 몇 개인가요? $5 + 2 = \boxed{}$

10개 묶음 사탕은 모두 몇 개인가요? $20 + 10 = \boxed{}$

사탕은 모두 몇 개인가요? $25 + 12 = \boxed{}$

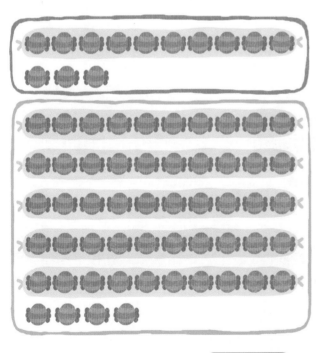

$13 + 54 = \boxed{}$ $62 + 15 = \boxed{}$

받아올림이 없는 덧셈

덧셈을 하여 ☐ 안에 알맞은 수를 쓰고,
답이 같은 어린이를 찾아 선으로 이으세요.

$$61 + 12 = \boxed{}$$

$$46 + 32 = \boxed{}$$

$$27 + 60 = \boxed{}$$

$$44 + 43 = \boxed{}$$

$$11 + 62 = \boxed{}$$

$$21 + 57 = \boxed{}$$

받아내림이 없는 뺄셈

귤은 몇 개 남았는지 그림을 보고, ☐ 안에 알맞은 수를 쓰세요.

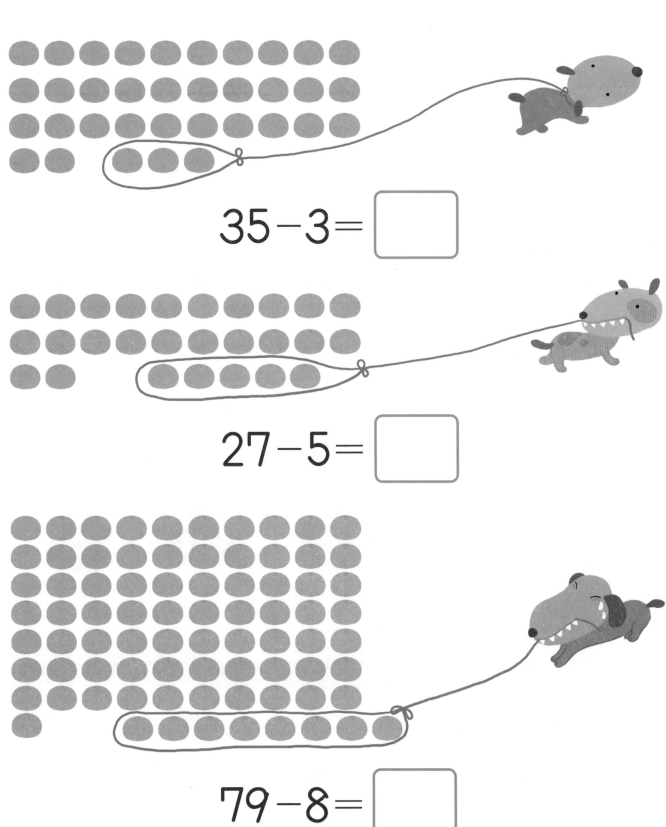

$35 - 3 =$ ☐

$27 - 5 =$ ☐

$79 - 8 =$ ☐

55

받아내림이 없는 뺄셈

기차의 앞 칸에 있는 뺄셈을 하여 답을 찾아 ○표 하세요.

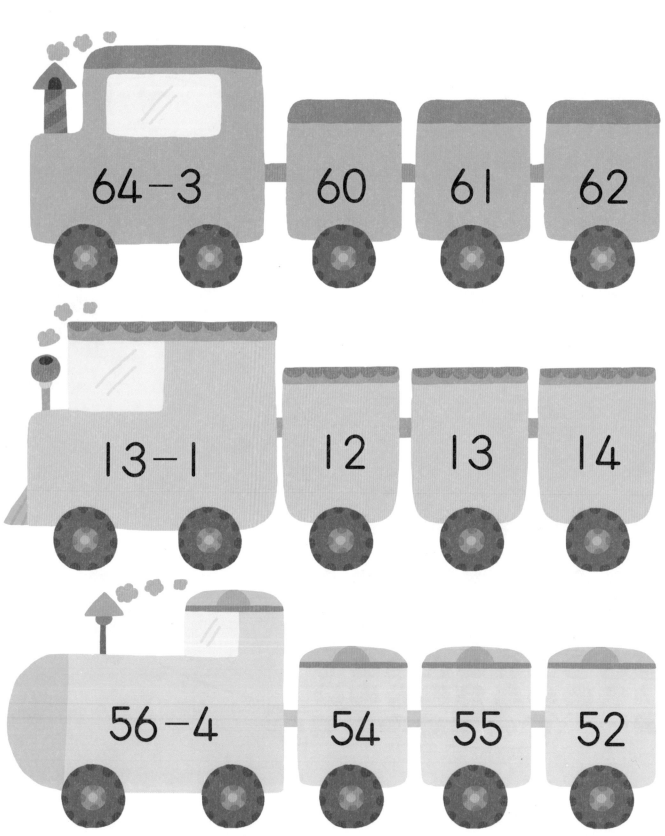

64-3   60   61   62

13-1   12   13   14

56-4   54   55   52

56

받아내림이 없는 뺄셈

사탕이 몇 개 남았는지 그림을 보고, ☐ 안에 알맞은 수를 쓰세요.

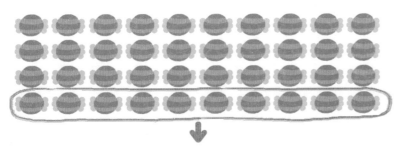

낱개 사탕은 모두 몇 개 남았나요? $6 - 3 =$ ☐

10개 묶음 사탕은 몇 개 남았나요? $40 - 10 =$ ☐

사탕은 몇 개 남았나요? $46 - 13 =$ ☐

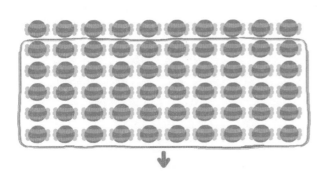

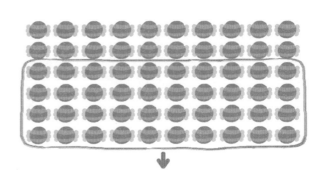

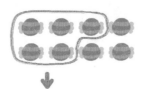

$68 - 55 =$ ☐ $69 - 42 =$ ☐

57

받아내림이 없는 뺄셈

엄마 심부름을 왔어요. 물건에 적힌 뺄셈을 하여
쪽지에 적힌 수와 답이 같은 물건에 색칠하세요.

58

받아올림·받아내림이 없는 덧셈과 뺄셈

덧셈과 뺄셈을 하여 답이 더 큰 깃발에 색칠하세요.

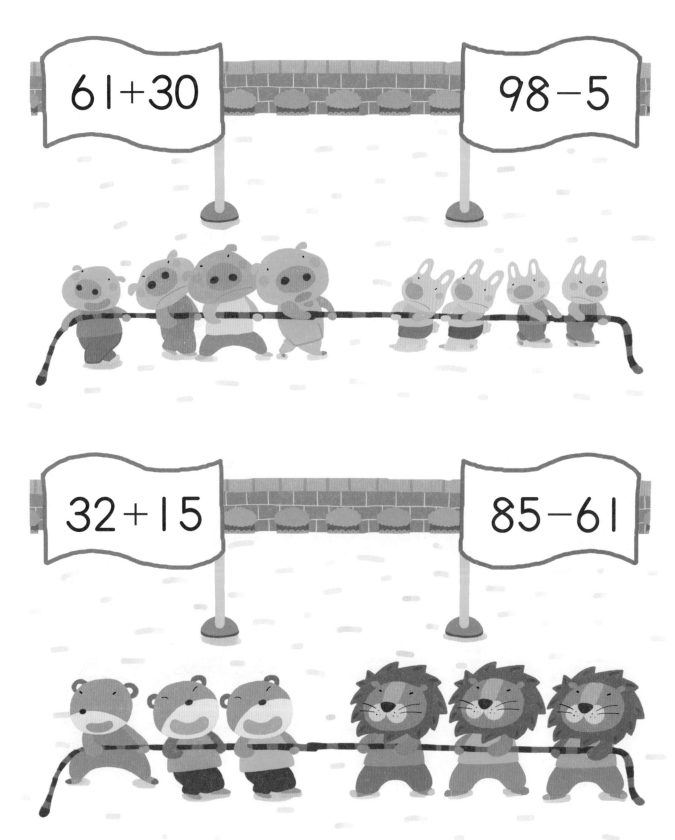

$61+30$ $98-5$

$32+15$ $85-61$

받아올림 · 받아내림이 없는 덧셈과 뺄셈

호랑이가 토끼네 집에 놀러 가요.
덧셈과 뺄셈을 하여 답이 적힌 쪽으로 찾아가세요.

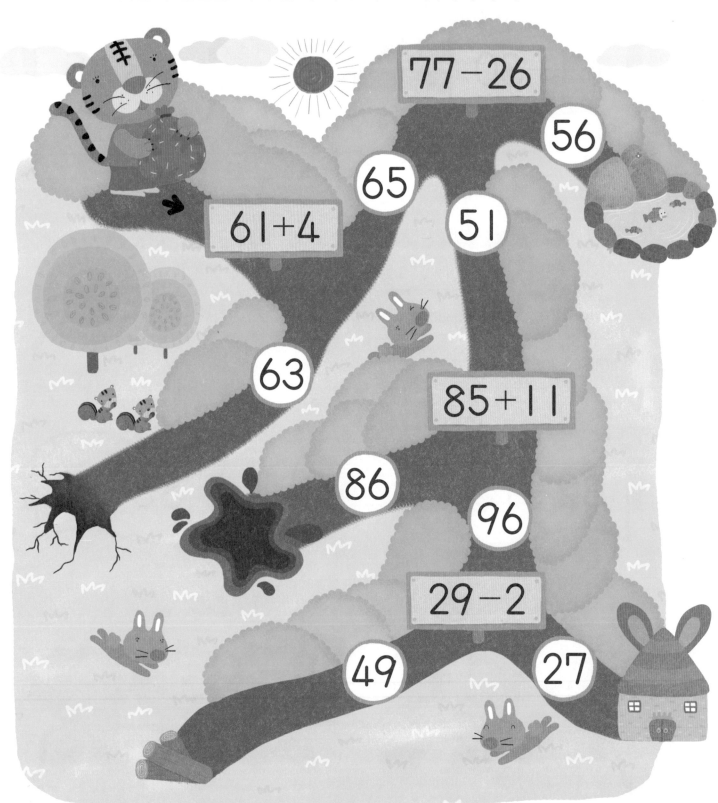

덧셈과 뺄셈을 하여 문제를 해결하는 활동입니다.

받아올림이 있는 덧셈

음식은 모두 몇 개인지 그림을 보고, ☐ 안에 알맞은 수를 쓰세요.

3+7+4

☐ +4= ☐

6+4+3

☐ +3= ☐

받아올림이 있는 덧셈

수와 연산

그림을 보고, 보기 와 같이 ☐ 안에 알맞은 수를 쓰세요.

보기

$$9+3$$

$$9+1+2$$

$$10+2=12$$

$$7+5$$

$$7+3+2$$

$$10+2=\boxed{}$$

$$6+8$$

$$4+2+8$$

$$4+10=\boxed{}$$

받아올림이 있는 덧셈

그림을 보고, ☐ 안에 알맞은 수를 쓰세요.

8+4

8 + ☐ + ☐

☐ + ☐ = ☐

9+6

9 + ☐ + ☐

☐ + ☐ = ☐

5+8

☐ + ☐ + 8

☐ + ☐ = ☐

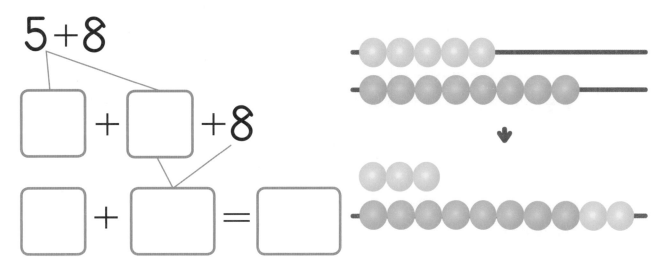

받아올림이 있는 덧셈

수와 연산

사탕을 담으려고 해요. 식에 맞게 빈칸에 ○를 그려 넣고,
모두 몇 개인지 ☐ 안에 알맞은 수를 쓰세요.

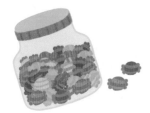

$9 + 2 = \boxed{11}$

보기

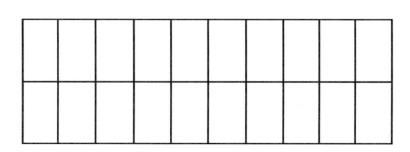

$$\begin{array}{r} 9 \\ + 8 \\ \hline \boxed{} \end{array}$$

$4 + 9 = \boxed{}$

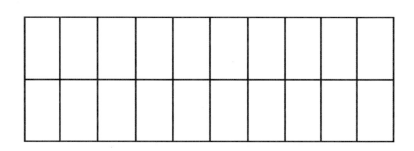

받아올림이 있는 덧셈

보기와 같이 받아올림이 있는 덧셈을 하세요.

보기

$8+6=\boxed{14}$

$9+4=\boxed{}$

$7+5=\boxed{}$

$6+5=\boxed{}$

$9+8=\boxed{}$

$7+9=\boxed{}$

$2+9=\boxed{}$

$6+6=\boxed{}$

$4+9=\boxed{}$

$7+8=\boxed{}$

받아올림이 있는 덧셈

보기와 같이 받아올림이 있는 덧셈을 하세요.

보기

☐ 1

$$
\begin{array}{r}
9 \\
+\ 6 \\
\hline
15
\end{array}
$$

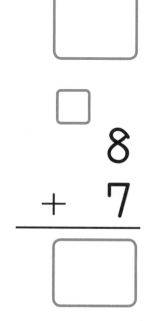

☐

$$
\begin{array}{r}
5 \\
+\ 8 \\
\hline
\ \\
\end{array}
$$

☐

$$
\begin{array}{r}
3 \\
+\ 9 \\
\hline
\ \\
\end{array}
$$

☐

$$
\begin{array}{r}
7 \\
+\ 7 \\
\hline
\ \\
\end{array}
$$

☐

$$
\begin{array}{r}
6 \\
+\ 8 \\
\hline
\ \\
\end{array}
$$

☐

$$
\begin{array}{r}
9 \\
+\ 9 \\
\hline
\ \\
\end{array}
$$

☐

$$
\begin{array}{r}
5 \\
+\ 9 \\
\hline
\ \\
\end{array}
$$

☐

$$
\begin{array}{r}
8 \\
+\ 7 \\
\hline
\ \\
\end{array}
$$

받아내림이 있는 뺄셈

그림을 보고, 몇 개 남았는지 ☐ 안에 알맞은 수를 쓰세요.

보기

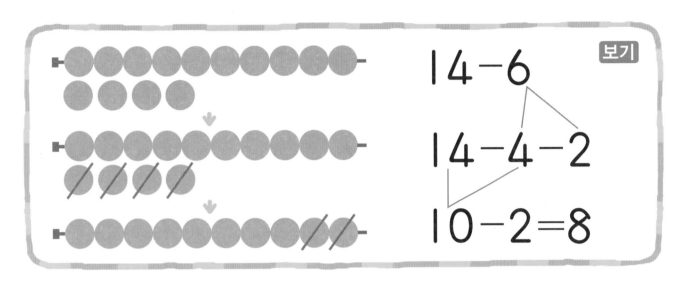

$$14-6$$
$$14-4-2$$
$$10-2=8$$

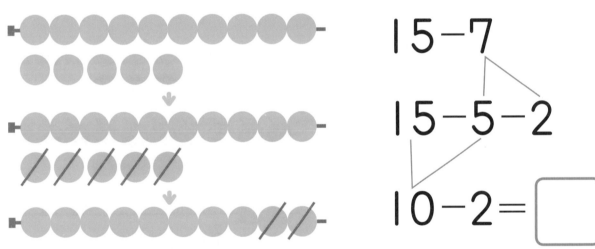

$$15-7$$
$$15-5-2$$
$$10-2=\boxed{}$$

$$12-8$$
$$12-2-6$$
$$10-6=\boxed{}$$

받아내림이 있는 뺄셈

그림을 보고, 몇 개 남았는지 ☐ 안에 알맞은 수를 쓰세요.

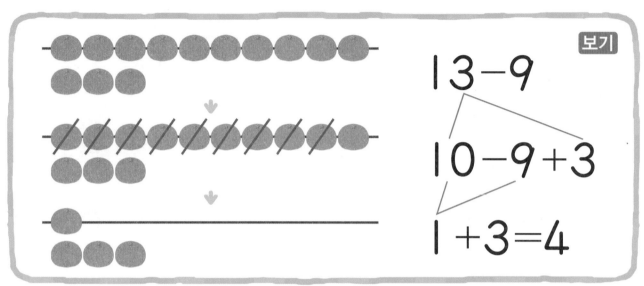

보기

$13-9$

$10-9+3$

$1+3=4$

$17-8$

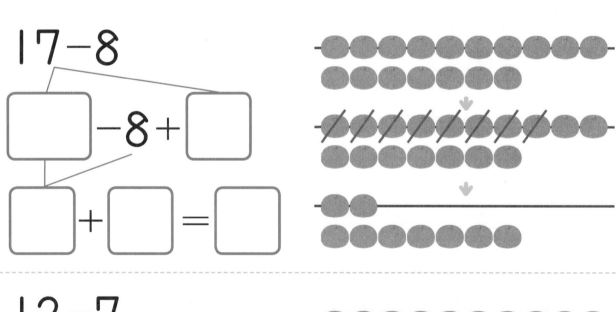

$$\boxed{}-8+\boxed{}$$

$$\boxed{}+\boxed{}=\boxed{}$$

$12-7$

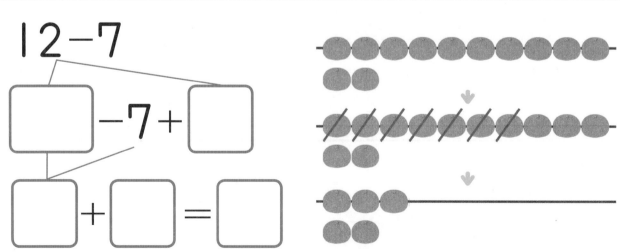

$$\boxed{}-7+\boxed{}$$

$$\boxed{}+\boxed{}=\boxed{}$$

받아내림이 있는 뺄셈

빼는 수만큼 딸기를 /으로 지우고, ☐ 안에 알맞은 수를 쓰세요.

$12-6$

$12-2-4=$ ☐

$11-4$

$11-1-3=$ ☐

$13-5$

$10-5+3=$ ☐

$14-8$

$10-8+4=$ ☐

받아내림이 있는 뺄셈

보기와 같이 받아내림이 있는 뺄셈을 하세요.

보기

$$11 - 8 = \boxed{3}$$

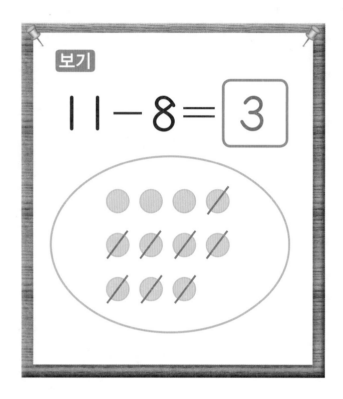

$$18 - 9 = \boxed{}$$

$$15 - 6 = \boxed{}$$

$$17 - 9 = \boxed{}$$

$$14 - 7 = \boxed{}$$

$$15 - 8 = \boxed{}$$

$$13 - 4 = \boxed{}$$

$$11 - 4 = \boxed{}$$

$$13 - 5 = \boxed{}$$

$$16 - 8 = \boxed{}$$

받아내림이 있는 뺄셈

보기와 같이 받아내림이 있는 뺄셈을 하세요.

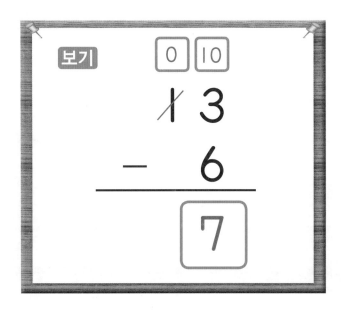

보기

| 0 | 10 |

$$\begin{array}{r} \not1\,3 \\ -\quad 6 \\ \hline \boxed{7} \end{array}$$

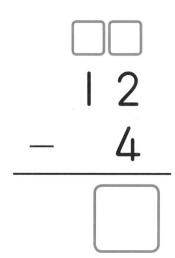

□□

$$\begin{array}{r} 1\,2 \\ -\quad 4 \\ \hline \end{array}$$

□□

$$\begin{array}{r} 1\,1 \\ -\quad 5 \\ \hline \end{array}$$

□□

$$\begin{array}{r} 1\,6 \\ -\quad 9 \\ \hline \end{array}$$

□□

$$\begin{array}{r} 1\,7 \\ -\quad 8 \\ \hline \end{array}$$

□□

$$\begin{array}{r} 1\,5 \\ -\quad 7 \\ \hline \end{array}$$

□□

$$\begin{array}{r} 1\,2 \\ -\quad 6 \\ \hline \end{array}$$

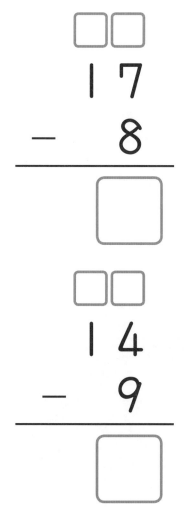

□□

$$\begin{array}{r} 1\,4 \\ -\quad 9 \\ \hline \end{array}$$

받아올림 · 받아내림이 있는 덧셈과 뺄셈

토끼가 들고 있는 수와 답이 같은 배를 찾아 예쁘게 색칠하세요.

8

$17-9$

$\begin{array}{r} 4 \\ +\ 7 \\ \hline \end{array}$

$\begin{array}{r} 9 \\ +\ 6 \\ \hline \end{array}$

$12-5$

받아올림·받아내림이 있는 덧셈과 뺄셈

수와 연산

덧셈과 뺄셈을 하여 답이 같은 배와 섬을 선으로 이으세요.

5+7

17-9

9

18
− 9

12

6
+ 9

받아올림이 있는 세 수의 덧셈

그림을 보고, 덧셈을 하여 ☐ 안에 알맞은 수를 쓰세요.

$$5+6+3$$

$$\boxed{}+3=\boxed{}$$

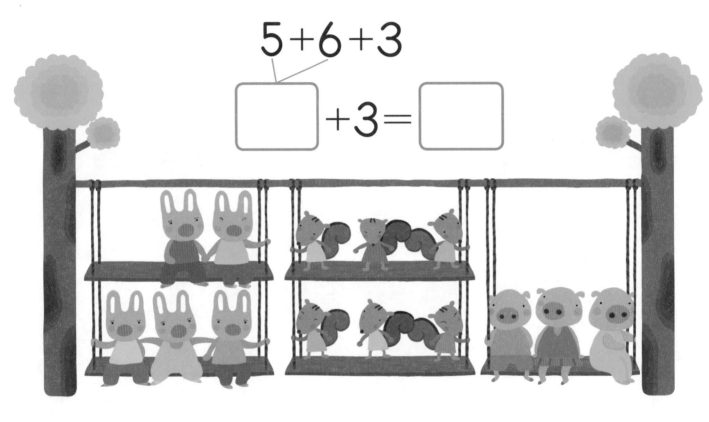

$$8+4+4$$

$$\boxed{}+4=\boxed{}$$

받아내림이 있는 세 수의 뺄셈

아이스크림 먹기 게임을 해요. 먹은 아이스크림의 수만큼
/으로 지우고, ☐ 안에 알맞은 수를 쓰세요.

보기

$18 - 6 - 4$

$12 - 4 = 8$

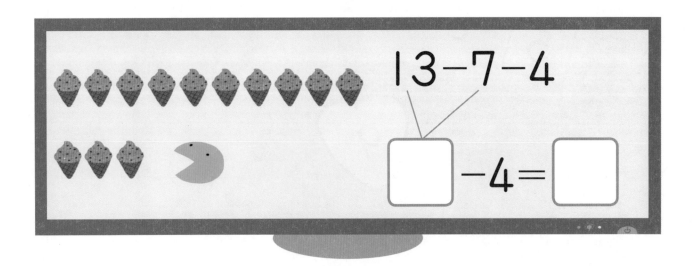

$13 - 7 - 4$

☐ $- 4 =$ ☐

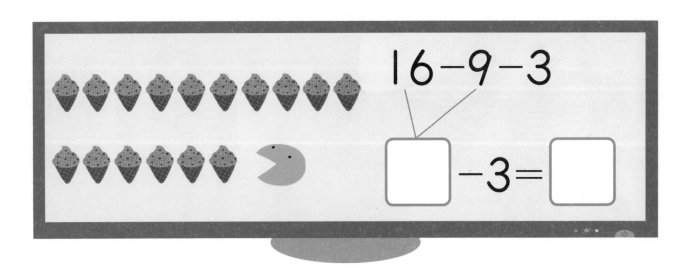

$16 - 9 - 3$

☐ $- 3 =$ ☐

75

받아올림 · 받아내림이 있는 세 수의 덧셈과 뺄셈

토끼가 길에서 이상한 기계를 보았어요. 기계에 물건을 넣으면
새로운 것이 나와요. 무엇이 나오는지 빈칸에 알맞은 수를 쓰세요.

$$5 \quad 5+8-4 \quad 9$$

$$9 \quad \boxed{}-5+2$$

처음 계산한 답에 계속 이어서 다음 수를 더하거나 빼는 활동입니다.

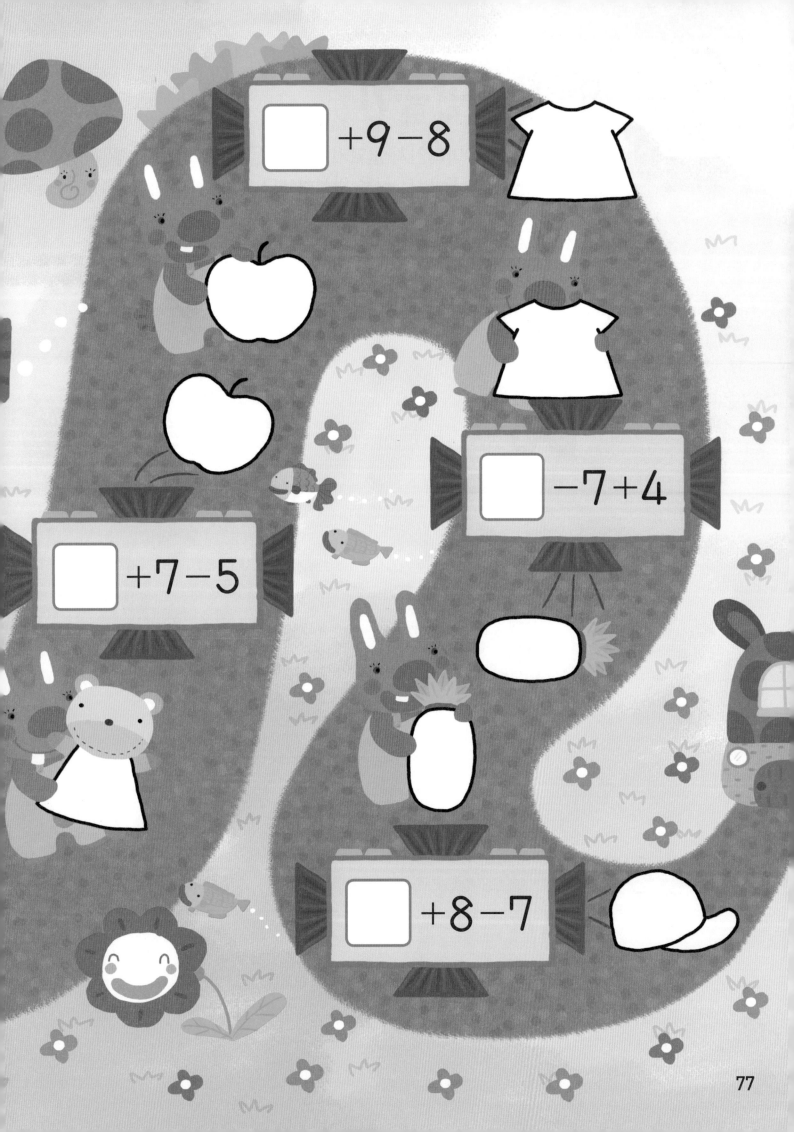

$\boxed{}+9-8$

$\boxed{}-7+4$

$\boxed{}+7-5$

$\boxed{}+8-7$

덧셈식 만들기

물고기는 모두 몇 마리인지 물고기 수만큼 ◯로 그려 보고,
☐ 안에 알맞은 수를 써서 식을 완성하세요.

	◯ ◯ ◯ ◯ ◯ ◯ ◯ ◯ ◯

$$9 + \boxed{} = \boxed{}$$

덧셈식 만들기

토끼들이 생일잔치를 해요. 음식은 모두 몇 개인지
각각 ○로 그려 보고, ☐ 안에 알맞은 수를 써서 식을 완성하세요.

🍰	○ ○ ○ ○ ○
🍓	
🍙	

$$5 + \boxed{} + \boxed{} = \boxed{}$$

뺄셈식 만들기

감나무에는 감이 몇 개 남았는지 까치가 먹은 수만큼
⬤를 /으로 지우고, ☐ 안에 알맞은 수를 써서 식을 완성하세요.

☐ 15 ☐ − ☐ ☐ = ☐ ☐

뺄셈식 만들기

케이크가 접시보다 몇 개 더 많은지 서로 선으로 이어 보고,
☐ 안에 알맞은 수를 써서 식을 완성하세요.

$$\boxed{} - \boxed{} = \boxed{}$$

□가 있는 덧셈식 만들기

피에로 아저씨가 풍선을 모두 13개 들고 있어요.
왼손에 7개를 들고 있다면 오른손에 들고 있는 풍선은 몇 개일까요?

피에로 아저씨가 왼손에 들고 있는 풍선은
모두 몇 개인가요?

 개

오른손에 들고 있는 풍선 수를 □로 나타내어 덧셈식을 만드세요.

풍선 7개 + □ = 풍선 13개 _____

□에 1부터 9까지의 수를 차례로 넣어
오른손에 들고 있는 풍선 수를 구하세요.

 개

□가 있는 덧셈식 만들기

동물원에 코끼리가 모두 11마리 있어요. 우리 밖으로 3마리가
나와 있다면 우리 안에 있는 코끼리는 몇 마리일까요?

우리 안의 코끼리 수를 □로 나타내어 덧셈식을 만들어 보세요.

□에 1부터 9까지의 수를 차례로 넣어
우리 안에 있는 코끼리 수를 구하세요.

 마리

알지 못하는 수에 숫자를 차례대로 넣어 알맞은 숫자를 찾는 활동입니다.   83

□가 있는 뺄셈식 만들기

아기 돼지가 사탕 12개를 가지고 있어요. 아기 곰에게 몇 개의 사탕을 주었더니 6개가 남았어요. 나누어 준 사탕은 몇 개일까요?

아기 돼지가 처음 가지고 있던 사탕은
모두 몇 개인가요?

 개

아기 곰에게 준 사탕 수를 □로 나타내어 뺄셈식을 만드세요.

사탕 12개 − □ = 사탕 6개 _____

□에 1에서 9까지의 수를 차례로 넣어
아기 곰에게 준 사탕 수를 구하세요.

 개

□가 있는 뺄셈식 만들기

수와 연산

유치원 버스에 어린이 14명이 타고 가다가 정류장에서 내리고
5명이 남았어요. 정류장에서 몇 명이 내렸을까요?

정류장에서 내린 어린이 수를 □로 나타내어
뺄셈식을 만들어 보세요.

_____

□에 1에서 9까지의 수를 차례로 넣어
정류장에서 내린 어린이 수를 구하세요.

 명

식 만들어 계산하기

크리스마스트리에 빨간 구슬 12개, 파란 구슬 6개를 달았어요.
아래 물음에 답하세요.

구슬은 모두 몇 개인지 식을 만들어서 계산하세요.

식   답   개

빨간 구슬은 파란 구슬보다 몇 개가 더 많은지
식을 만들어서 계산하세요.

식   답   개

전체 구슬에서 파란 구슬 5개를 떼면 구슬은 몇 개가 남는지
식을 만들어서 계산하세요.

식   답   개

식 만들어 계산하기

산타 할아버지가 선물을 나눠 주러 오고 있어요.
아래 물음에 답하세요.

선물 상자 13개를 썰매에 싣고 선물을
나누어 주었더니, 선물 상자가 6개 남았어요.
몇 개를 나누어 주었을까요?

 개

선물 상자 7개가 있어요. 선물 상자 15개를
만들려면 앞으로 몇 개를 더 만들어야 하나요?

 개

선물 상자 15개를 가지고 생쥐네 집에
나눠 주러 갔는데, 아기 생쥐 19마리가 있어요.
선물이 몇 개 더 필요할까요?

 개

문장 보고 식 만들기

왼쪽 카드에 적힌 문장을 읽고, 알맞은 식을 찾아 선으로 이으세요.

물고기를 14마리 잡았어요.
조금 있다가 3마리를
더 잡았어요.
모두 몇 마리일까요?

14 − 3

물고기를 17마리 잡았어요.
고양이가 물고기 8마리를
먹었어요.
물고기는 몇 마리 남았나요?

14 + 3

문어 6마리와
오징어 8마리를 잡았어요.
모두 몇 마리일까요?

6 + 8

파란 배에는 14명이 타고,
노란 배에는 3명이 탔어요.
파란 배에 몇 명이
더 탔을까요?

17 − 8

도형

입체도형과 평면도형의 모양을 알고,
쌓기나무를 이용해
입체도형에 대한 감각을 기릅니다.

학습 체크리스트

☐ 입체도형 모양 구별하기

☐ 같은 입체도형 모양 찾기

☐ 사용한 입체도형 모양 찾기

☐ 빠진 평면도형 모양 찾기

☐ 같은 평면도형 모양 찾기

☐ 사용한 평면도형 모양 찾기

☐ 그림자로 모양 알기

☐ 붙여서 모양 만들기

☐ 똑같은 모양 그리기

☐ 평면도형 모양 구별하기

☐ 펼친 모양 알기

☐ 접은 모양 알기

☐ 위에서 본 모양 알기

☐ 쌓기나무 개수 알기

입체도형 모양 구별하기

엄마 돼지가 들고 있는 물건과 같은 모양을 들고 있는
아기 돼지를 찾아 ○표 하세요.

입체도형 모양 구별하기

모양이 같은 것끼리 선으로 이으세요.

도형

같은 입체도형 모양 찾기

방 안 물건 중에서 ▨에는 □표, ▧에는 △표, ◯에는 ◯표 하세요.

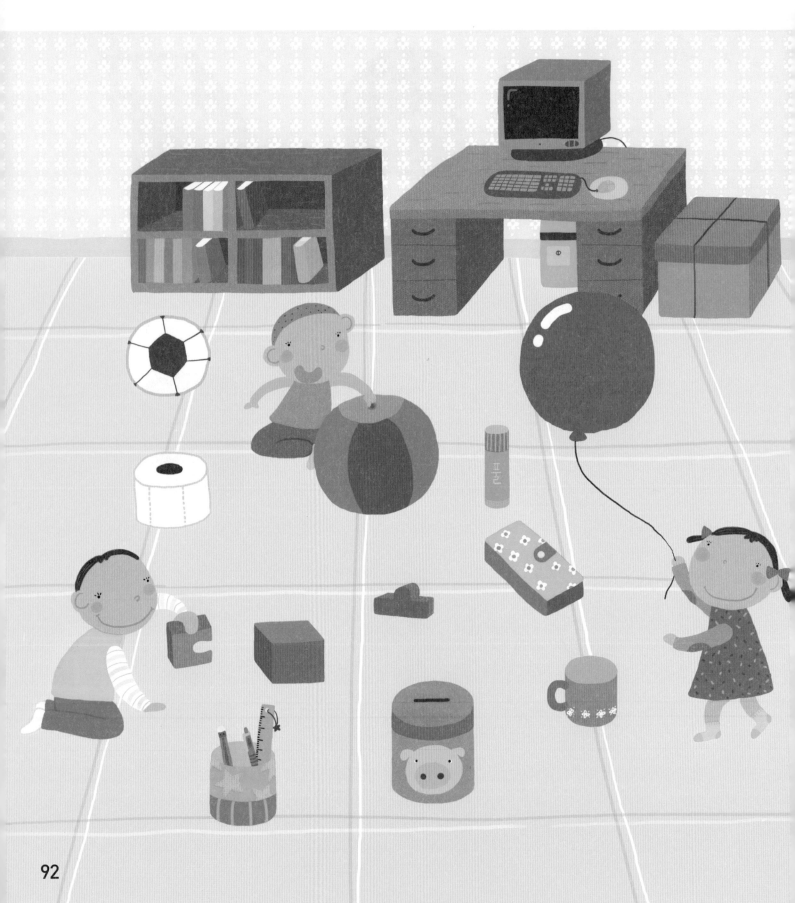

같은 입체도형 모양 찾기

같은 모양끼리 선으로 묶으세요.

사용한 입체도형 모양 찾기

기린을 만들 때 사용한 모양 조각을 모두 찾아
같은 색을 칠하세요.

어떤 모양 조각으로 만들었는지 살펴보고, 같은 모양 조각을 찾는 활동입니다.

사용한 입체도형 모양 찾기

왼쪽의 모양 조각으로 어떤 모양을 만들었는지
오른쪽에서 찾아 선으로 이으세요.

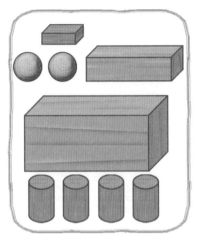

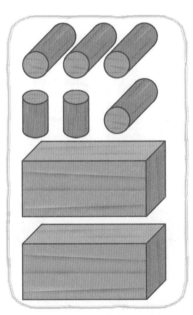

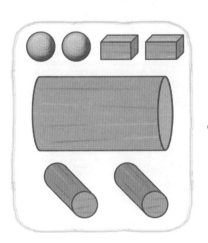

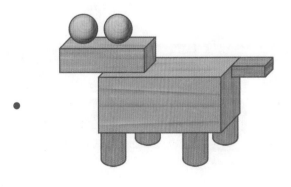

빠진 평면도형 모양 찾기

빠진 곳의 모양을 그리고 색칠하세요. 어떤 모양이 있나요?

같은 평면도형 모양 찾기

보기의 그림과 같은 모양을 찾아 같은 색을 칠하세요.

보기

사용한 평면도형 모양 찾기

색종이로 멋진 기차를 만들었어요.
기차를 만들 때 사용한 모양을 모두 찾아 같은 색을 칠하세요.

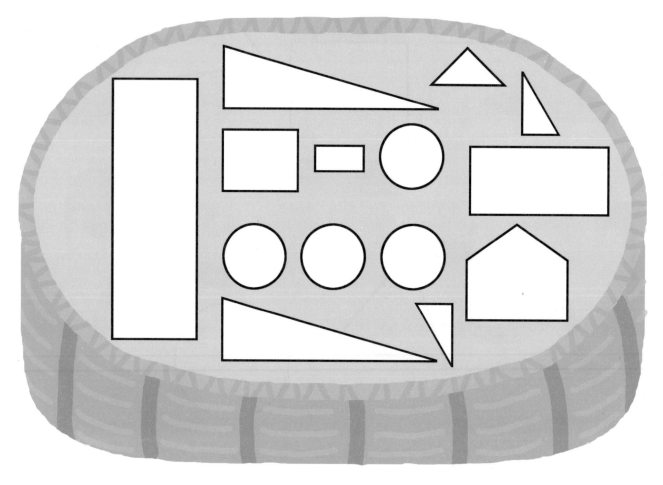

98

그림자로 모양 알기

동물들이 모양판을 가지고 그림자를 만들었어요.
누가 어떤 모양을 만들었는지 선으로 이으세요.

 · ·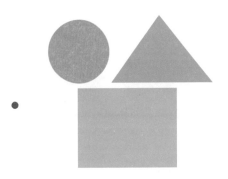

 · ·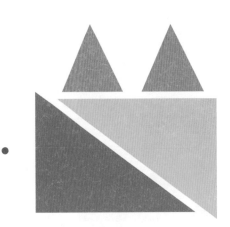

 · ·

붙여서 모양 만들기

두 모양을 붙여서 ■ 모양이 되는 것끼리 선으로 이으세요.

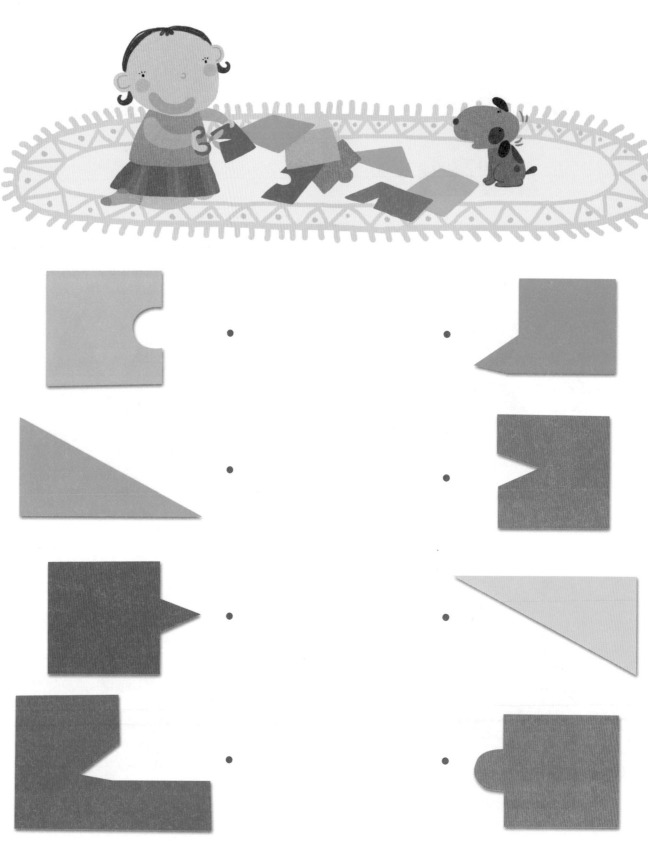

붙여서 모양 만들기

두 모양을 붙여서  모양과 ▲ 모양을
만들 수 있는 것을 찾아 색칠하세요.

똑같은 모양 그리기

파란색 점 종이에 있는 모양과 똑같은 모양을
노란색 점 종이에 그리세요.

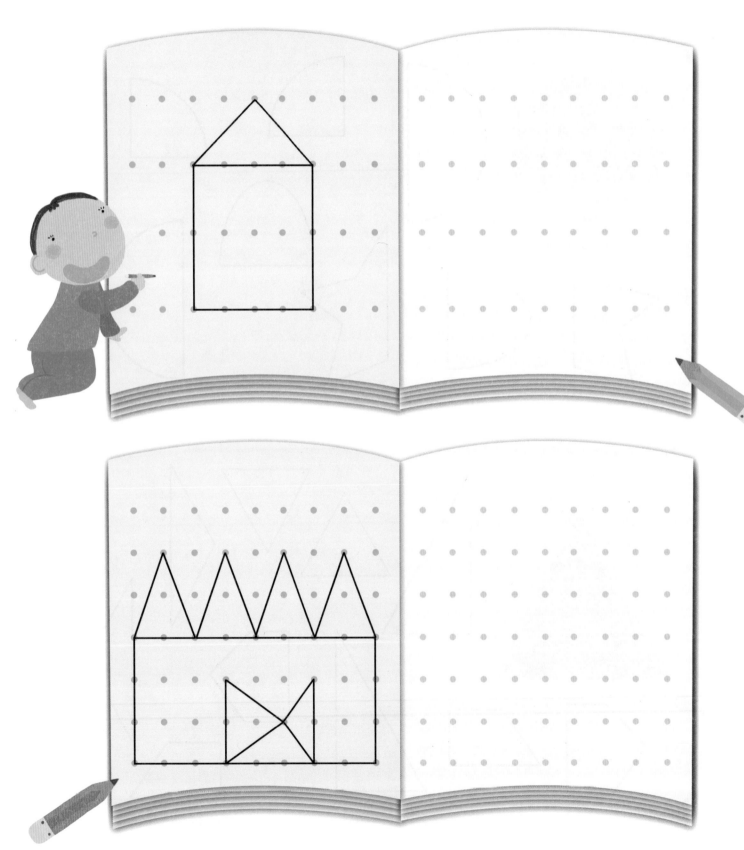

점의 위치를 보면서 똑같은 모양을 그리는 활동입니다.

평면도형 모양 구별하기

● 모양은 빨간색, ▲ 모양은 노란색, ■ 모양은 파란색으로
칠하여 공주님 성을 예쁘게 꾸며 주세요.

103

도형

펼친 모양 알기

색종이를 접었어요. 접은 색종이를 펼치면
어떤 모양이 되는지 선으로 이으세요.

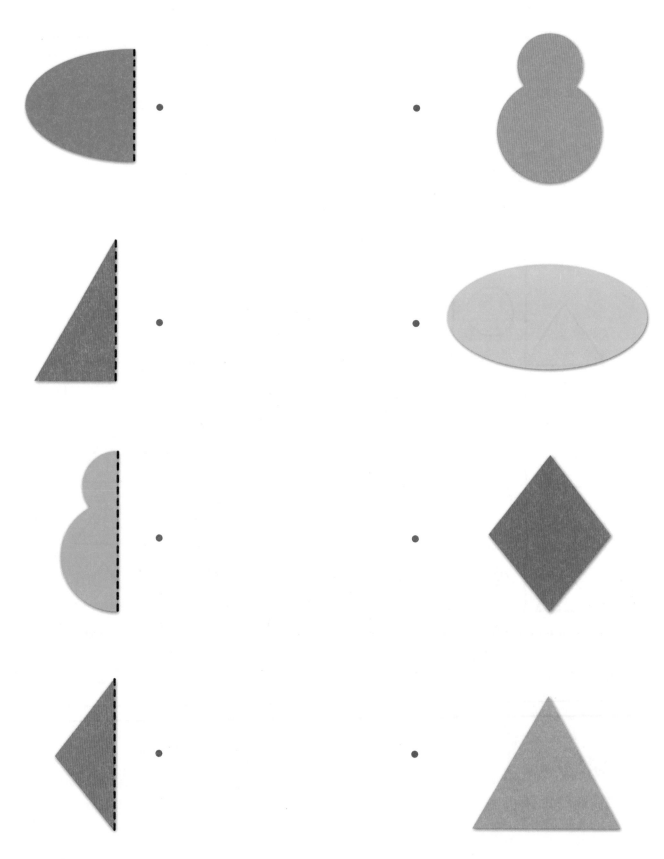

접은 모양 알기

색종이를 점선대로 접으면 어떤 모양이 될지 빈칸에 그려 보세요.
아래 색종이를 오려서 접어 보세요.

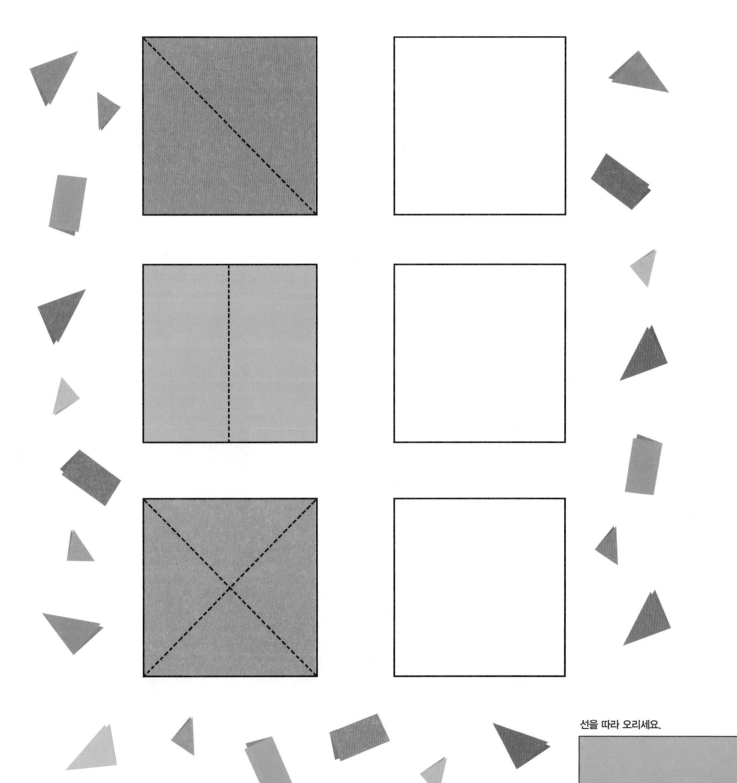

선을 따라 오리세요.

위에서 본 모양 알기

물건을 위에서 보면 어떤 모양으로 보일까요?
알맞은 모양을 찾아 ○표 하세요.

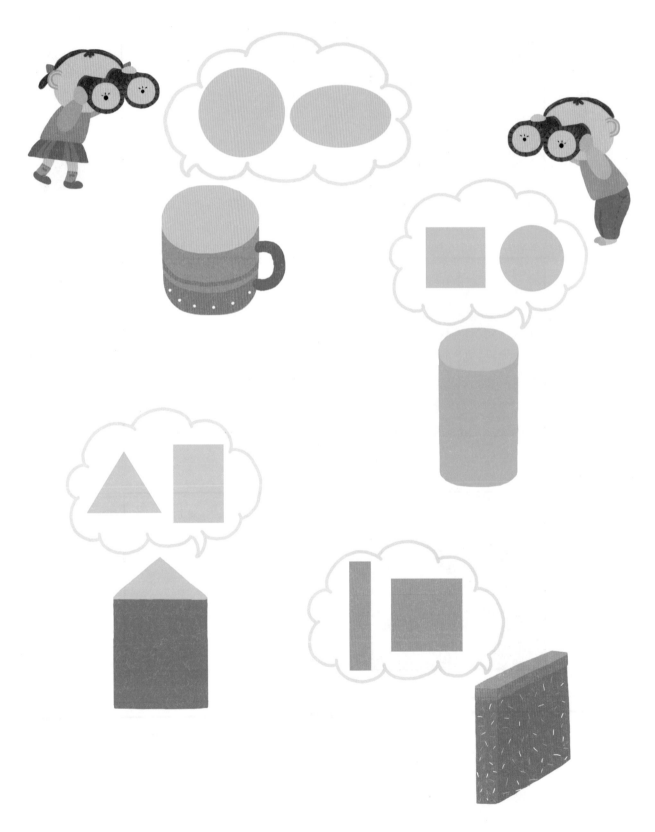

쌓기나무 개수 알기

아래 모양은 쌓기나무 몇 개로 만들었는지 세어 보고,
☐ 안에 알맞은 수를 쓰세요.

☐ 개

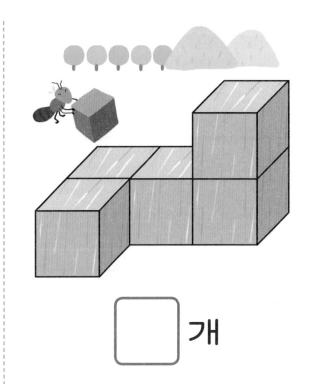

☐ 개

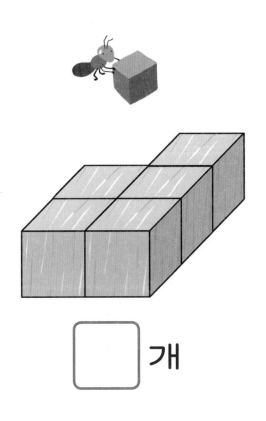

☐ 개

☐ 개

쌓기나무 개수 알기

아이가 가지고 있는 쌓기나무의 개수를 세어 보고,
만들 수 없는 모양을 모두 찾아 ○표 하세요.

측정

길이, 높이, 무게, 넓이,
들이를 비교할 수 있고,
시계를 보고 시각을 읽을 수 있습니다.

학습 체크리스트

- 길이 비교하기
- 높이 비교하기
- 무게 비교하기
- 넓이 비교하기
- 들이 비교하기
- 단위길이로 길이 재기
- 자로 길이 재기

- 먼저와 나중 알기
- 시간 순서 알기
- 몇 시 알기
- 몇 시 30분 알기
- 몇 시 몇 분 알기
- 달력 보기

길이 비교하기

초록색 책상에서는 연필보다 긴 것을, 파란색 책상에서는
연필보다 짧은 것을 모두 찾아 ◯표 하세요.

110

높이 비교하기

높이가 가장 높은 것에 ○표, 가장 낮은 것에 △표를 하세요.

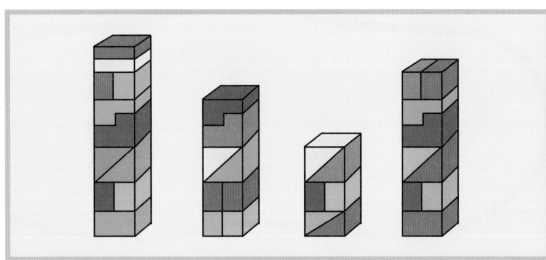

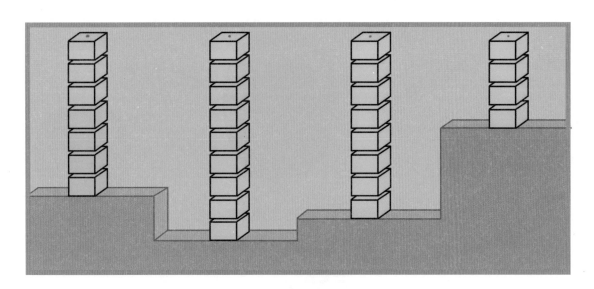

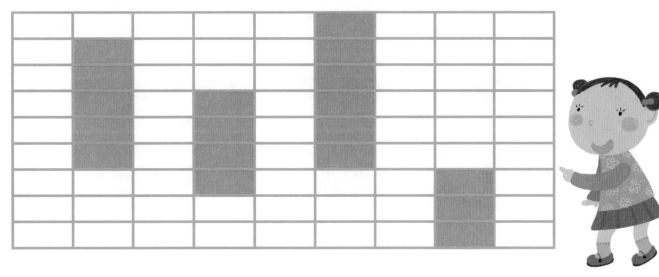

무게 비교하기

여러 가지 물건 중에서 가장 가벼운 물건을 찾아 ◯표 하세요.

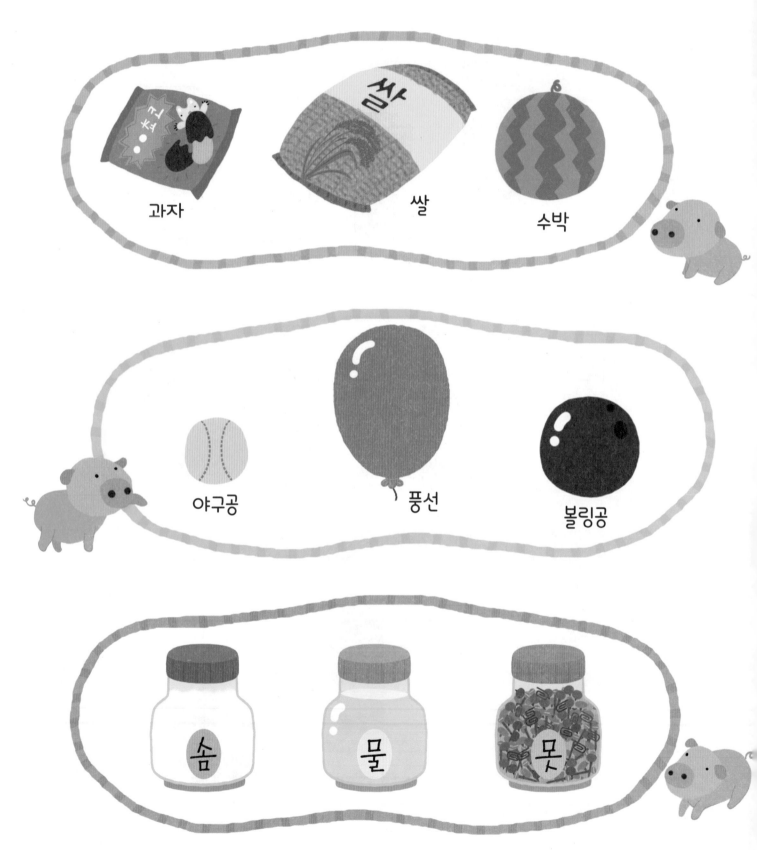

과자

쌀

수박

야구공

풍선

볼링공

솜

물

못

넓이 비교하기

아기 곰 세 마리가 벽에 페인트를 칠하고 있어요.
가장 넓게 칠한 아기 곰에게 ○표 하세요.

넓이 비교하기

113

들이 비교하기

주스가 가장 많이 들어 있는 그릇을 찾아 ◯표 하세요.

주스를 가장 많이 담을 수 있는 그릇을 찾아 △표 하세요.

단위길이로 길이 재기

가장 긴 빵을 찾아 ○표 하세요.
먼저 눈짐작으로 찾아보고, 아래 그림을 오려서 재어 보세요.

자가 아닌 다른 측정 도구를 사용하여 길이를 재고,
비교하는 활동입니다.

선을 따라 오리세요.

자로 길이 재기

아래 자를 오려 연필의 길이를 재어 보고, ☐ 안에 수를 쓰세요.

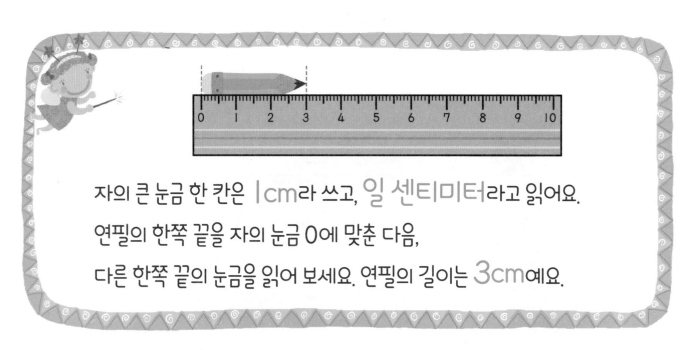

자의 큰 눈금 한 칸은 1cm라 쓰고, 일 센티미터라고 읽어요.

연필의 한쪽 끝을 자의 눈금 0에 맞춘 다음,

다른 한쪽 끝의 눈금을 읽어 보세요. 연필의 길이는 3cm예요.

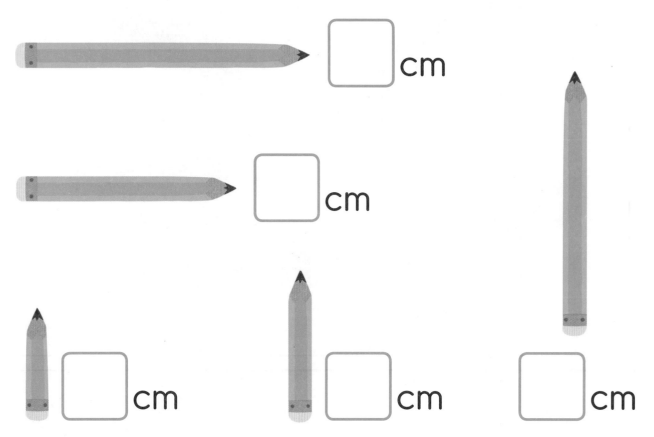

☐ cm

☐ cm

☐ cm

☐ cm

☐ cm

선을 따라 오리세요.

116

먼저와 나중 알기

측정

차를 타고 동물원 구경을 하고 있어요. 가장 먼저 만난
동물 얼굴에 ○표, 가장 나중에 만난 동물 얼굴에 △표 하세요.

시간 순서 알기

아이들이 신이 나서 눈사람을 만들어요.
시간 순서대로 ☐ 안에 1부터 5까지 번호를 쓰세요.

118

몇 시 알기

시계를 보고, 몇 시인지 ☐ 안에 알맞은 수를 쓰세요.

5시 일 때

긴바늘은 숫자 12를 가리키고,
짧은바늘은 숫자 5를 가리켜요.

☐ 시 ☐ 시 ☐ 시

☐ 시 ☐ 시 ☐ 시

119

몇 시 알기

시계에 긴바늘만 있어요. 시각에 맞게 짧은바늘을 그리세요.

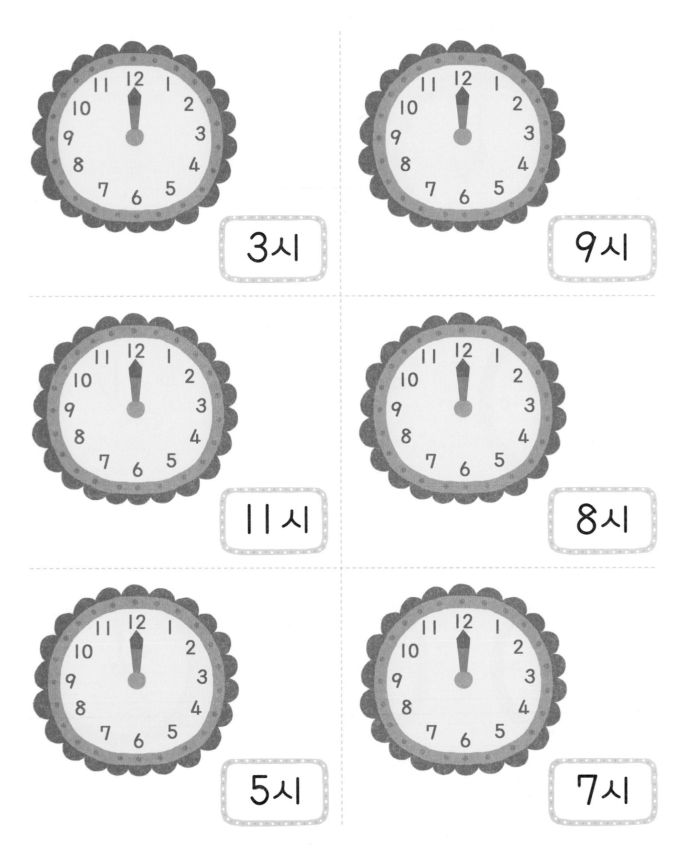

3시

9시

11시

8시

5시

7시

시각에 맞게 짧은 시곗바늘을 그리는 활동입니다.

몇 시 30분 알기

시계를 보고, 몇 시 몇 분인지 ☐ 안에 알맞은 수를 쓰세요.

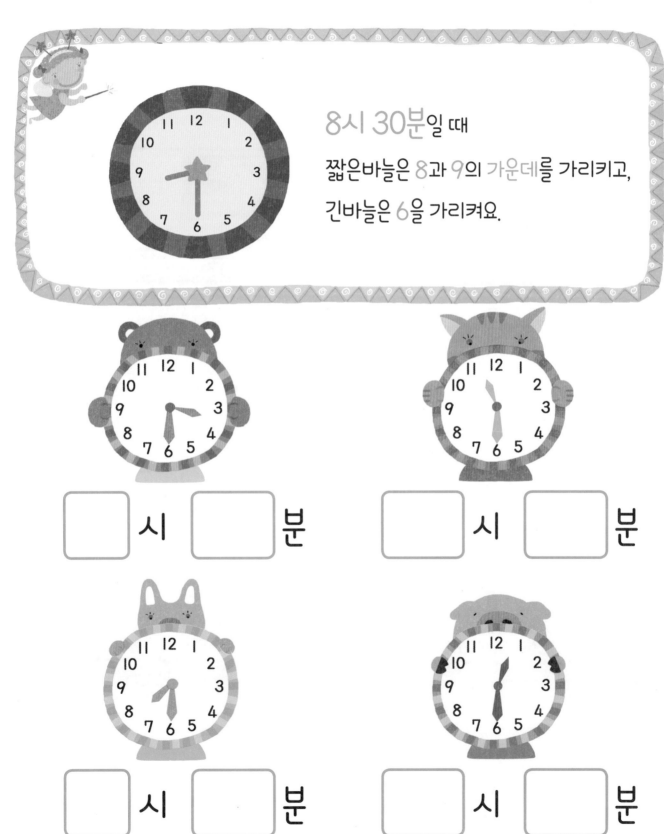

8시 30분일 때

짧은바늘은 8과 9의 가운데를 가리키고,

긴바늘은 6을 가리켜요.

☐ 시 ☐ 분   ☐ 시 ☐ 분

☐ 시 ☐ 분   ☐ 시 ☐ 분

몇 시 30분 알기

측정

시계를 보고, 몇 시 몇 분인지 ☐ 안에 알맞은 수를 쓰세요.
가장 먼저 일어난 동물에게 ○표 하세요.

☐ 시 ☐ 분

☐ 시 ☐ 분

☐ 시 ☐ 분

☐ 시 ☐ 분

122

몇 시 몇 분 알기

시계를 보고, 몇 시 몇 분인지 ☐ 안에 알맞은 수를 쓰세요.

시계에서 긴바늘이

숫자 1, 2, 3, ……을 가리키면

각각 5분, 10분, 15분, ……을 나타내요.

이 시계가 나타내는 시각은

1시 15분입니다.

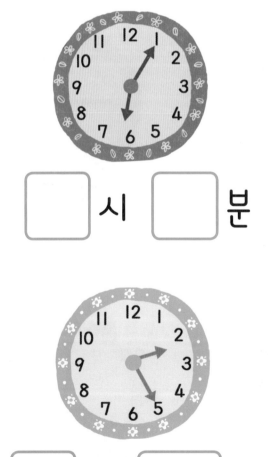

☐ 시 ☐ 분

☐ 시 ☐ 분

☐ 시 ☐ 분

☐ 시 ☐ 분

몇 시 몇 분 알기

여러 개의 시계가 있어요. 가운데 있는 시계와 같은 시각을
나타내는 시계를 찾아 선으로 이으세요.

10 : 30

4 : 00

8 : 30

9 : 20

6 : 45

12 : 10

달력 보기

달력을 보고, 아래 물음에 답하세요.

일	월	화	수	목	금	토
1	2	3	4	5	6	7
8	9	10	11	12	13	14
15	16	17	18	19	20	21
22	23	24	25	26	27	28
29	30	31				

오늘은 15일이에요.

어제는 며칠인가요? _____일

내일은 무슨 요일인가요? _____요일

월요일인 날짜를 모두 쓰세요. _____

오늘부터 1주일 후는 며칠인가요? _____일

125

달력 보기

측정

빈칸에 알맞은 달을 쓰고, 아래 물음에 답하세요.

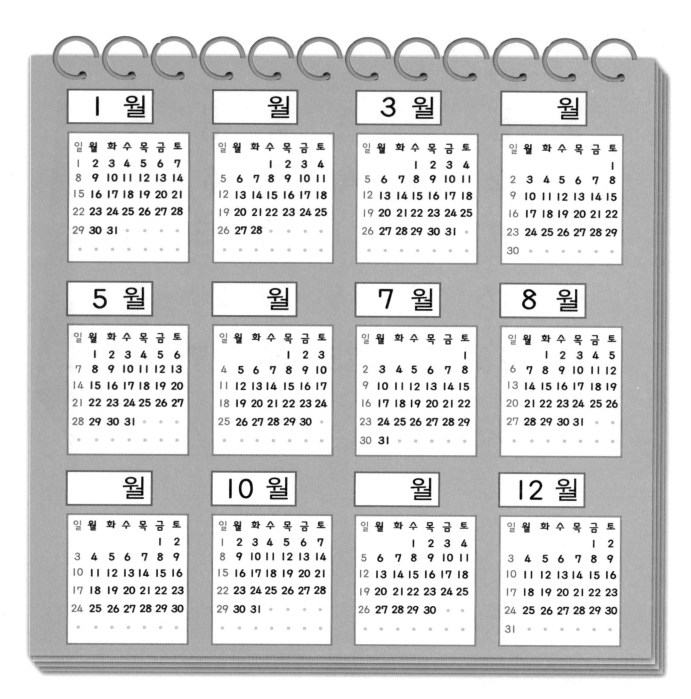

1년은 모두 몇 달인가요? _____ 달

달력을 보고, 한 달이 30일인 달을 모두 쓰세요. _____

규칙성

물체, 모양, 무늬,
수의 배열에서 규칙을 찾고,
자신이 정한 규칙을 만들 수 있습니다.

학습 체크리스트

- 구체물에서 모양 규칙 찾기

- 모양 규칙 찾기

- 무늬에서 규칙 찾기

- 모양과 무늬 규칙 찾기

- 나만의 규칙 만들기

- 수 배열에서 규칙 찾기

- 늘어나는 수 규칙 찾기

구체물에서 모양 규칙 찾기

빨래 모양의 규칙에 따라 빈칸에 알맞은 그림을 그리세요.

128

구체물에서 모양 규칙 찾기

크리스마스트리의 장식이 어떤 규칙으로 걸려 있나요?
빈칸에 알맞은 색을 칠하세요.

모양 규칙 찾기

규칙에 따라 빈칸에 알맞은 모양을 그리세요.

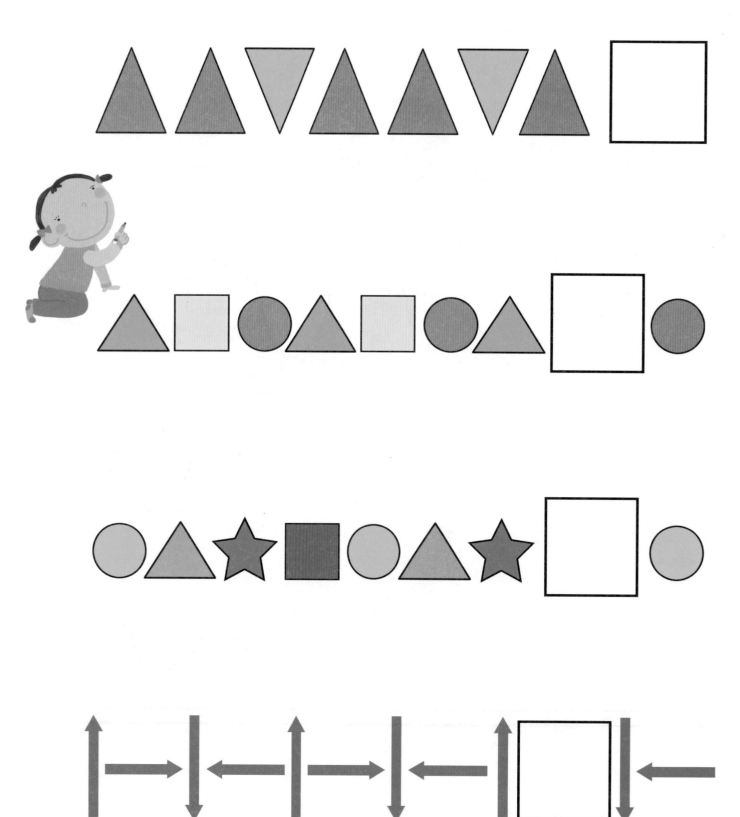

모양 규칙 찾기

규칙에 따라 길을 찾아보고, 길 끝에 나온 음식에 ○표 하세요.

생일 파티에 초대합니다.
규칙에 맞게 길을 따라 오세요.
맛있는 음식이 기다리고 있어요.

쿠키

♡ 생일 축하 ♡

무늬에서 규칙 찾기

규칙을 찾아 빈 곳에 알맞은 색을 칠하세요.

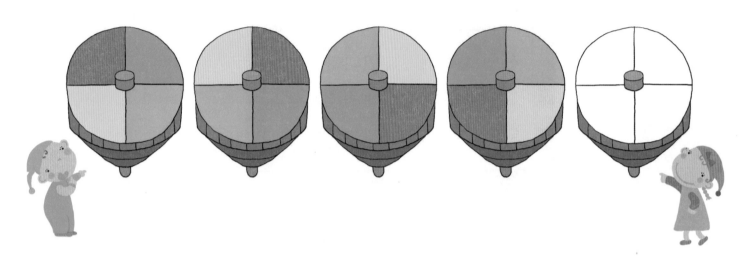

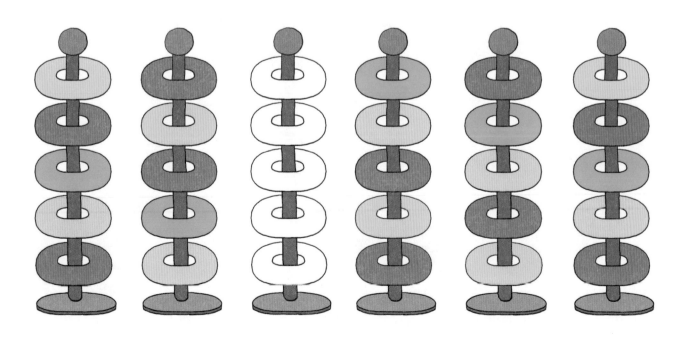

132

무늬에서 규칙 찾기

규칙에 따라 빈 곳에 알맞은 색을 칠하여 집을 꾸미세요.

모양과 무늬 규칙 찾기

이불에 그려진 규칙에 따라
빈 곳에 알맞은 모양을 그리거나 색칠하세요.

나만의 규칙 만들기

할머니가 말씀하신 대로 스스로 규칙을 정해
목도리를 예쁘게 꾸미세요.

■, ●, ▲를 규칙대로
넣어 목도리를 꾸며 보거라.

세 가지 모양을 가지고 스스로 규칙을 정하는 활동입니다.　　135

수 배열에서 규칙 찾기

물고기에 쓰인 수의 규칙을 찾아 빈 곳에 알맞은 수를 쓰세요.

10
20
30
40
50
60
80
100

30
31
32
33
34
36
37
38

2
4
6
8
10
14
16
20

수 배열에서 규칙 찾기

규칙성

과자에 쓰인 수의 규칙을 찾아 빈 곳에 알맞은 수를 쓰세요.

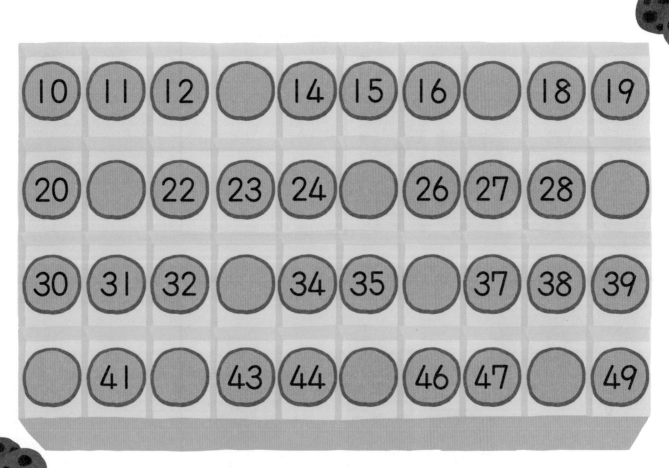

10	11	12		14	15	16		18	19
20		22	23	24		26	27	28	
30	31	32		34	35		37	38	39
	41		43	44		46	47		49

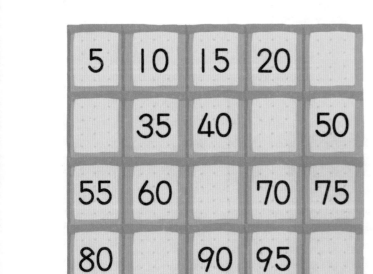

5	10	15	20	
	35	40		50
55	60		70	75
80		90	95	

81	82	83		85
			89	
		93		
		98		

늘어나는 수 규칙 찾기

벽돌 수가 늘어나는 규칙을 알아보고,
빈칸에 들어갈 벽돌 수만큼 □를 그리세요.

확률과 통계

정해진 기준에 따라
사물들을 분류하여 개수를 세어 보고,
분류한 자료를 표와 그래프로 나타낼 수 있습니다.

학습 체크리스트

☐ 기준에 따라 분류하기	☐ 여러 가지 기준으로 분류하여 세기
☐ 색깔 분류하여 세기	☐ 표로 나타내기
☐ 종류 분류하여 세기	☐ 그래프로 나타내기
☐ 날씨 분류하여 세기	☐ 그래프 내용 이해하기
☐ 모양 분류하여 세기	

기준에 따라 분류하기

꽃밭에 예쁜 꽃들이 피어 있어요. 같은 색끼리 선으로 묶으세요.

확률과 통계

140

색깔 분류하여 세기

확률과 통계

풍선을 색깔별로 세어 보고, ☐ 안에 알맞은 수를 쓰세요.

☐ 개   ☐ 개   ☐ 개

종류 분류하여 세기

옷을 종류별로 나누어서 옷장에 넣으려고 해요.
같은 종류의 옷을 세어 보고, 그 수만큼 빈칸에 색칠하세요.

확률과 통계

날씨 분류하여 세기

한 달 동안의 날씨를 조사했어요.
날씨별로 세어 보고, ☐ 안에 알맞은 수를 쓰세요.

일	월	화	수	목	금	토
						1 ☁️
2 ☀️	3 ☁️	4 ☀️	5 ☀️	6 ☀️	7 ☁️	8 🌧️
9 🌨️	10 🌨️	11 ☁️	12 ☀️	13 ☀️	14 ☀️	15 ☁️
16 🌨️	17 🌧️	18 ☀️	19 ☀️	20 ☁️	21 ☁️	22 🌧️
23 ☁️	24 ☀️	25 🌨️	26 ☁️	27 ☁️	28 ☁️	29 ☀️
30 ☀️	31 ☁️					

🌧️ ☐ 일   ☀️ ☐ 일

🌨️ ☐ 일   ☁️ ☐ 일

모양 분류하여 세기

과자를 같은 모양으로 나누고, 그 수만큼 빈칸에 색칠하세요.

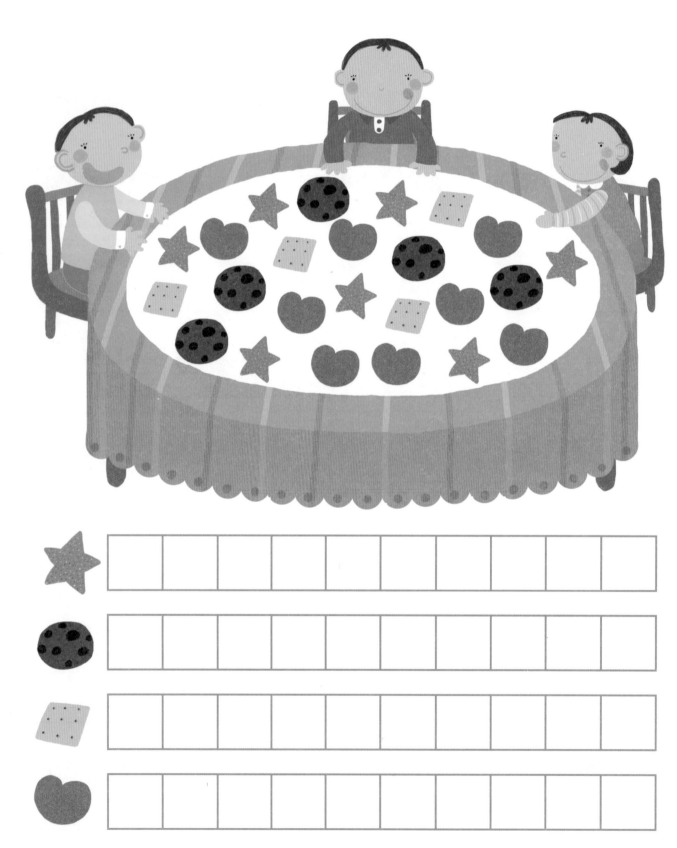

여러 가지 기준으로 분류하여 세기

동물들을 종류별로 나누고, 그 수를 ☐ 안에 쓰세요.

다리가 2개인 동물은 모두 몇 마리인가요? ☐ 마리

다리가 4개인 동물은 모두 몇 마리인가요? ☐ 마리

물 속에서 사는 동물은 모두 몇 마리인가요? ☐ 마리

145

표로 나타내기

아이들이 태어난 달을 조사했어요.
아래 표의 빈칸에 수를 쓰고, 물음에 답하세요.

이름	월	이름	월	이름	월
유빈	3	지혜	5	영하	1
민국	11	다은	3	준석	2
진호	4	승미	9	형민	9
수정	6	연주	10	성원	4
은지	9	소라	7	준하	8
지민	5	정민	9	태진	12

월	1	2	3	4	5	6	7	8	9	10	11	12	합계
명	1												

생일이 3월인 아이들은 모두 몇 명인가요? ☐ 명

가장 많은 아이들이 태어난 달은 몇 월인가요? ☐ 월

조사한 아이들은 모두 몇 명인가요? ☐ 명

146

표로 나타내기

아이들이 좋아하는 과일을 조사했어요.
아래 표의 빈칸에 수를 쓰고, 물음에 답하세요.

🍎 정민	🍎 민석	🍌 세나	🍇 민아	🍎 은정
🍓 수빈	🍉 수환	🍉 수아	🍓 병환	🍓 석훈
🍉 은지	🍓 윤수	🍎 소영	🍇 수정	🍓 유빈
🍌 혜연	🍇 민지	🍌 현석	🍓 승철	🍌 다운
🍌 서영	🍌 준호	🍌 준형	🍎 다빈	🍉 지수

과일	🍎	🍓	🍉	🍇	🍌	합계
어린이 수 (명)						25

가장 많은 아이들이
좋아하는 과일은 무엇인가요?

가장 적은 아이들이
좋아하는 과일은 무엇인가요?

그래프로 나타내기

아이들이 좋아하는 운동 경기를 조사하여 표로 나타냈어요.
표를 보고 그 수만큼 그래프의 빈칸에 색칠하세요.

운동 경기	축구	야구	농구	체조	수영
어린이 수 (명)	5	6	2	4	3

6					
5					
4					
3					
2					
1					
어린이 수(명) / 운동 경기	축구	야구	농구	체조	수영

148

확률과 통계

그래프로 나타내기

밭에 심은 채소를 종류별로 세어 표에 수를 쓰고,
그 수만큼 그래프에 색칠하세요.

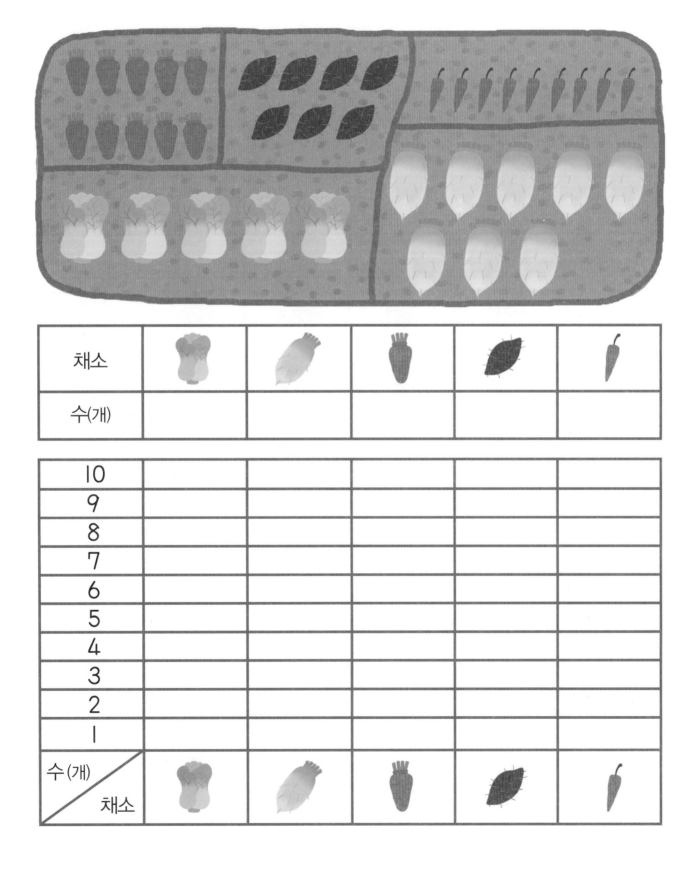

채소					
수(개)					

10					
9					
8					
7					
6					
5					
4					
3					
2					
1					
수(개) / 채소					

149

그래프 내용 이해하기

아이들이 좋아하는 애완동물을 조사하여 그래프로 나타냈어요.
그래프를 보고, 물음에 답하세요.

어린이 수 (명) / 애완 동물	강아지	고양이	햄스터	원숭이	금붕어
10					
9					
8	■				
7	■				
6	■				
5	■	■			
4	■	■		■	
3	■	■	■	■	
2	■	■	■	■	■
1	■	■	■	■	■

가장 많은 아이들이 좋아하는
애완동물은 무엇인가요?

원숭이를 좋아하는 아이는 모두 몇 명인가요? ▢ 명

조사한 아이들은 모두 몇 명인가요? ▢ 명

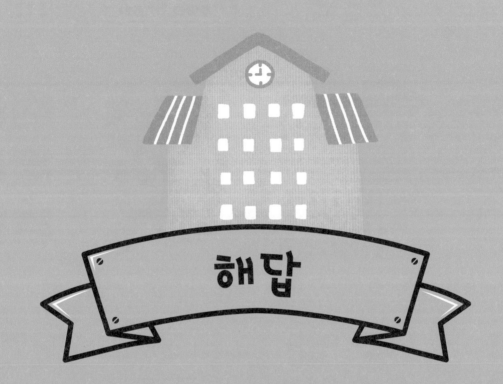

해답

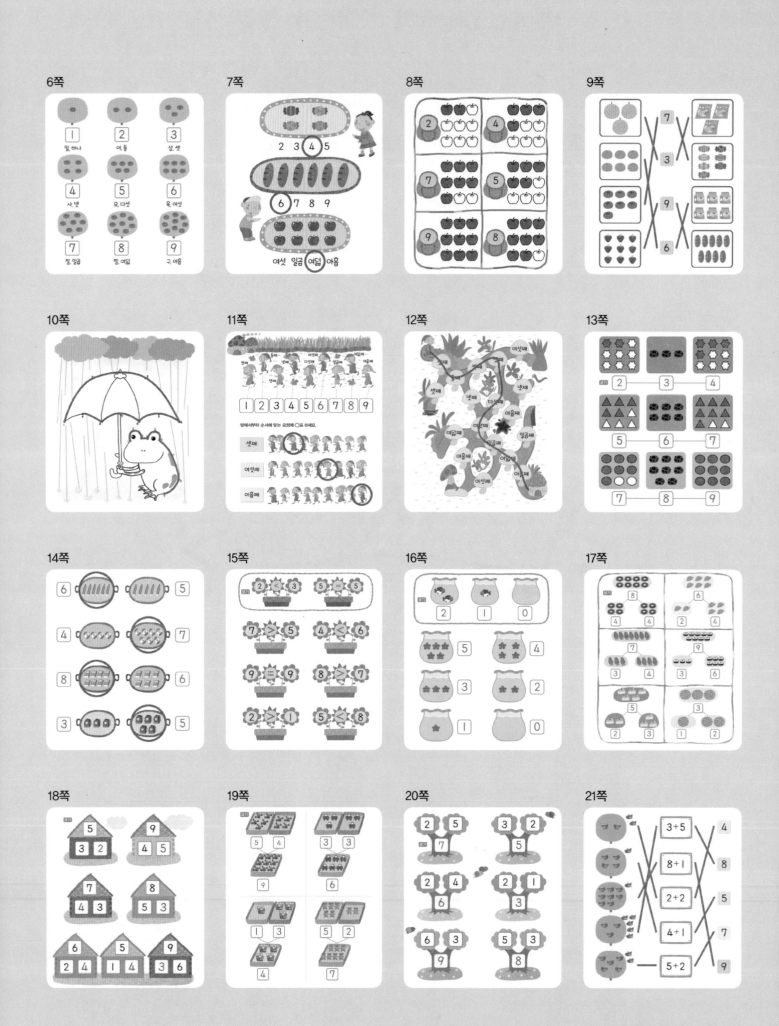

22쪽

1+3=4

4+2=6　　6+1=7

5+2=7　　2+2=4

23쪽

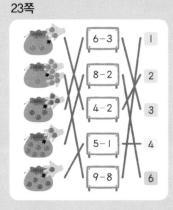

6-3 ── 1
8-2 ── 2
4-2 ── 3
5-1 ── 4
9-8 ── 6

24쪽

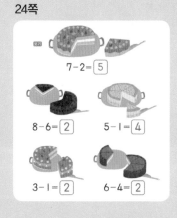

7-2=5

8-6=2　　5-1=4

3-1=2　　6-4=2

25쪽

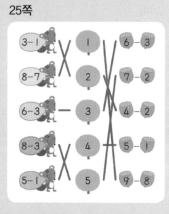

3-1 ── 1 ── 6-3
8-7 ── 2 ── 7-2
6-3 ── 3 ── 4-2
8-3 ── 4 ── 5-1
5-1 ── 5 ── 9-8

26쪽

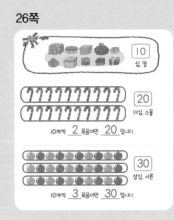

10
십, 열

20
이십, 스물
10개씩 2 묶음이면 20 입니다.

30
삼십, 서른
10개씩 3 묶음이면 30 입니다.

27쪽

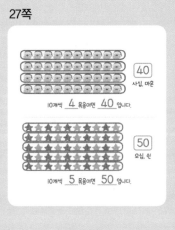

40
사십, 마흔
10개씩 4 묶음이면 40 입니다.

50
오십, 쉰
10개씩 5 묶음이면 50 입니다.

28쪽

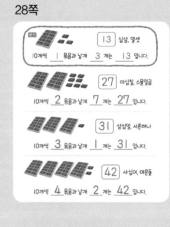

13 십삼, 열셋
10개씩 1 묶음과 낱개 3 개는 13 입니다.

27 이십칠, 스물일곱
10개씩 2 묶음과 낱개 7 개는 27 입니다.

31 삼십일, 서른하나
10개씩 3 묶음과 낱개 1 개는 31 입니다.

42 사십이, 마흔둘
10개씩 4 묶음과 낱개 2 개는 42 입니다.

29쪽

12　46
37　25

30쪽

1 2 3 4 5 6 7 8 9 10
11 12 13 14 15 16 17 18 19 20
21 22 23 24 25 26 27 28 29 30
31 32 33 34 35 36 37 38 39 40
41 42 43 44 45 46 47 48 49 50

14 15 16　　20 21 22
37 38 39　　48 49 50

31쪽

43　34 61 40
25　31 23 19
37　28 50 36
16　17 9 10

32쪽

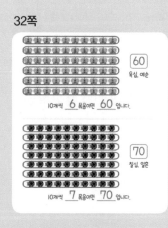

60
육십, 예순
10개씩 6 묶음이면 60 입니다.

70
칠십, 일흔
10개씩 7 묶음이면 70 입니다.

33쪽

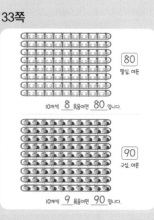

80
팔십, 여든
10개씩 8 묶음이면 80 입니다.

90
구십, 아흔
10개씩 9 묶음이면 90 입니다.

34쪽

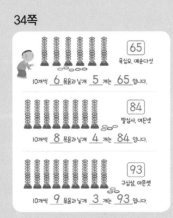

65
육십오, 예순다섯
10개씩 6 묶음과 낱개 5 개는 65 입니다.

84
팔십사, 여든넷
10개씩 8 묶음과 낱개 4 개는 84 입니다.

93
구십삼, 아흔셋
10개씩 9 묶음과 낱개 3 개는 93 입니다.

35쪽

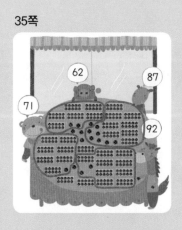

71　62　87　92

36쪽

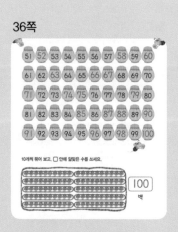

51 52 53 54 55 56 57 58 59 60
61 62 63 64 65 66 67 68 69 70
71 72 73 74 75 76 77 78 79 80
81 82 83 84 85 86 87 88 89 90
91 92 93 94 95 96 97 98 99 100

10개씩 묶어 보고, □ 안에 알맞은 수를 쓰세요.

100
백

37쪽

74 75 76　　66 67 68

87 88 89　　51 52 53

59 60 61　　94 95 96

38쪽

32 > 20		70 > 50	
49 < 61		82 > 28	
90 > 80		19 = 19	
76 > 45		99 < 100	

39쪽

10

0	10
1	9
2	8
3	7
4	6
5	5
6	4
7	3
8	2
9	1

40쪽

1 9 → 10	7 3 → 10
4 6 → 10	5 5 → 10
3 7 → 10	2 8 → 10
0 10 → 10	9 1 → 10

41쪽

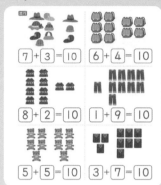

$7+3=10$ 　 $6+4=10$

$8+2=10$ 　 $1+9=10$

$5+5=10$ 　 $3+7=10$

42쪽

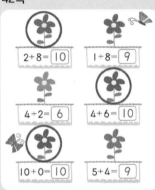

$2+8=10$ 　 $1+8=9$

$4+2=6$ 　 $4+6=10$

$10+0=10$ 　 $5+4=9$

43쪽

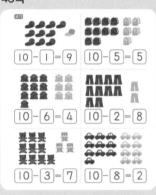

$10-1=9$ 　 $10-5=5$

$10-6=4$ 　 $10-2=8$

$10-3=7$ 　 $10-8=2$

44쪽

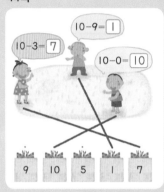

$10-3=7$
$10-9=1$
$10-0=10$

9　10　5　1　7

45쪽

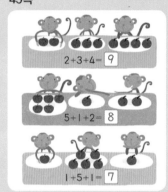

$2+3+4=9$

$5+1+2=8$

$1+5+1=7$

46쪽

$1+2+5$
$4+2+2$
$3+4+1$
$2+5+2$

47쪽

$9-2-3=4$

$7-1-3=3$

$8-4-1=3$

48쪽

$6-3-2$ 　 $9-2-1$ 　 $7-2-3$

1　5　6　3　2

49쪽

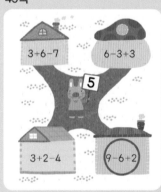

$3+6-7$ 　 $6-3+3$

5

$3+2-4$ 　 $9-6+2$

50쪽

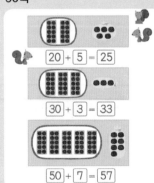

$20+5=25$

$30+3=33$

$50+7=57$

51쪽

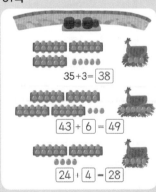

$35+3=38$

$43+6=49$

$24+4=28$

52쪽

17
+ 1

71+5

76

18

56

84

81
+ 3

52+4

53쪽

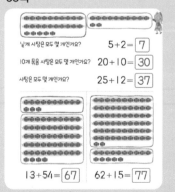

낱개 사탕은 모두 몇 개인가요?　$5+2=7$

10개 묶음 사탕은 모두 몇 개인가요?　$20+10=30$

사탕은 모두 몇 개인가요?　$25+12=37$

$13+54=67$ 　 $62+15=77$

54쪽

61+12 73
46+32 78
27+60 =87
44+43 =87
11+62 73
21+57 =78

55쪽

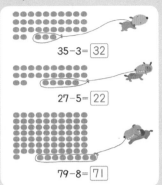

35-3= 32

27-5= 22

79-8= 71

56쪽

64-3   60   **61**   62

13-1   **12**   13   14

56-4   54   55   **52**

57쪽

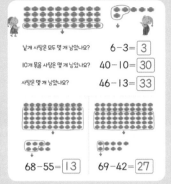

낱개 사탕은 모두 몇 개 남았나요?   6-3= 3

10개 묶음 사탕은 몇 개 남았나요?   40-10= 30

사탕은 몇 개 남았나요?   46-13= 33

68-55= 13   69-42= 27

58쪽

가게

17-15   88-71   57-25

48-17   32

59쪽

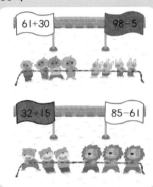

61+30   98-5

32+15   85-61

60쪽

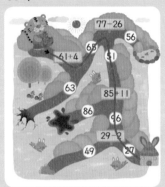

77-26
61+4   65   56
51
63
85+11
86
96
29-2
49   27

61쪽

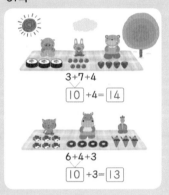

3+7+4
10 +4= 14

6+4+3
10 +3= 13

62쪽

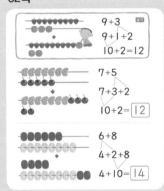

9+3
9+1+2
10+2=12

7+5
7+3+2
10+2= 12

6+8
4+2+8
4+10= 14

63쪽

8+4
8+ 2 + 2
10 + 2 = 12

9+6
9+ 1 + 5
10 + 5 = 15

5+8
3 + 2 +8
3 + 10 = 13

64쪽

9+2= 11

9
+ 8
17

4+9= 13

65쪽

8+6= 14

9+4= 13
7+5= 12
6+5= 11

9+8= 17
2+9= 11
4+9= 13

7+9= 16
6+6= 12
7+8= 15

66쪽

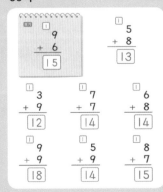

9
+ 6
15

5
+ 8
13

3
+ 9
12

7
+ 7
14

6
+ 8
14

9
+ 9
18

5
+ 9
14

8
+ 7
15

67쪽

14-6
14-4-2
10-2=8

15-7
15-5-2
10-2= 8

12-8
12-2-6
10-6= 4

68쪽

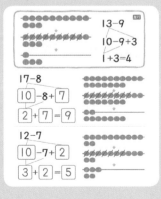

13-9
10-9+3
1+3=4

17-8
10-8+ 7
2 + 7 = 9

12-7
10-7+ 2
3 + 2 = 5

69쪽

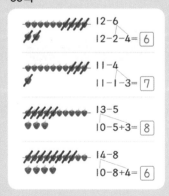

12-6
12-2-4= 6

11-4
11-1-3= 7

13-5
10-5+3= 8

14-8
10-8+4= 6

11-8= 3

18-9= 9
15-6= 9
17-9= 8

14-7= 7
15-8= 7

13-4= 9
11-4= 7

13-5= 8
16-8= 8

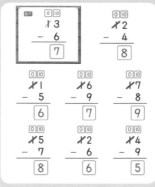

17-9
8
4+7
9+6
12-5

5+7
17-9
9
18-9
12
6+9

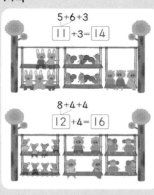

5+6+3
11 +3= 14

8+4+4
12 +4= 16

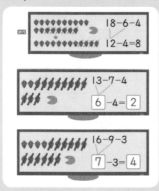

18-6-4
12-4=8

13-7-4
6 -4= 2

16-9-3
7 -3= 4

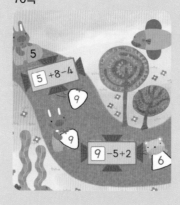

5
5 +8-4
9
9
9 -5+2
6

8 +9-8
9
8
8
9 -7+4
6 +7-5
6
6
6 +8-7
7

9 + 4 = 13

5 + 7 + 4 = 16

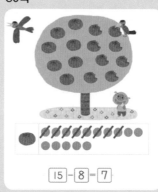

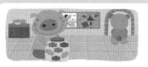

15 - 8 = 7

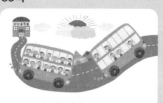

11 - 9 = 2

피에로 아저씨가 만손에 들고 있는 풍선은 모두 몇 개인가요?   7 개

오른손에 들고 있는 풍선 수를 □로 나타내어 덧셈식을 만드세요.
풍선 7개 + □ = 풍선 13개   7+□=13

□에 1부터 9까지의 수를 차례로 넣어 오른손에 들고 있는 풍선 수를 구하세요   6 개

코끼리 11 마리

우리 안의 코끼리 수를 □로 나타내어 덧셈식을 만들어 보세요
3+□=11

□에 1부터 9까지의 수를 차례로 넣어 우리 안에 있는 코끼리 수를 구하세요   8 마리

아기 돼지가 처음 가지고 있던 사탕은 모두 몇 개인가요?   12 개

아기 곰에게 준 사탕 수를 □로 나타내어 뺄셈식을 만드세요
사탕 12개 - □ = 사탕 6개   12-□=6

□에 1에서 9까지의 수를 차례로 넣어 아기 곰에게 준 사탕 수를 구하세요   6 개

정류장에서 내린 어린이 수를 □로 나타내어 뺄셈식을 만들어 보세요
14-□=5

□에 1에서 9까지의 수를 차례로 넣어 정류장에서 내린 어린이 수를 구하세요   9 명

86쪽

구슬은 모두 몇 개인지 식을 만들어서 계산하세요.
식 12+6   답 18 개

빨간 구슬은 파란 구슬보다 몇 개가 더 많은지
식을 만들어서 계산하세요.
식 12-6   답 6 개

전체 구슬에서 파란 구슬 5개를 때면 구슬은 몇 개가 남는지
식을 만들어서 계산하세요.
식 18-5   답 13 개

87쪽

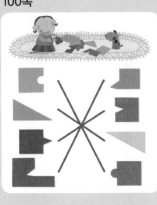

선물 상자 13개를 썰매에 싣고 선물을
나누어 주었더니, 선물 상자가 6개 남았어요.
몇 개를 나누어 주었을까요?   7 개

선물 상자 7개가 있어요. 선물 상자 15개를
만들려면 앞으로 몇 개를 더 만들어야 하나요?   8 개

선물 상자 15개를 가지고 생쥐네 집에
나누어 주러 갔는데, 아기 생쥐 19마리가 있어요.
선물어 몇 개 더 필요할까요?   4 개

88쪽

물고기를 14마리 잡았어요.
조금 있다가 3마리를
더 잡았어요.
모두 몇 마리일까요?

물고기를 17마리 잡았어요.
고양이가 물고기 8마리를
먹었어요.
물고기는 몇 마리 남았나요?

문어 6마리와
오징어 8마리를 잡았어요.
모두 몇 마리일까요?

파란 배에는 14명이 타고,
노란 배에는 3명이 탔어요.
파란 배에 몇 명이
더 타야할까요?

14-3
14+3
6+8
17-8

90쪽

91쪽

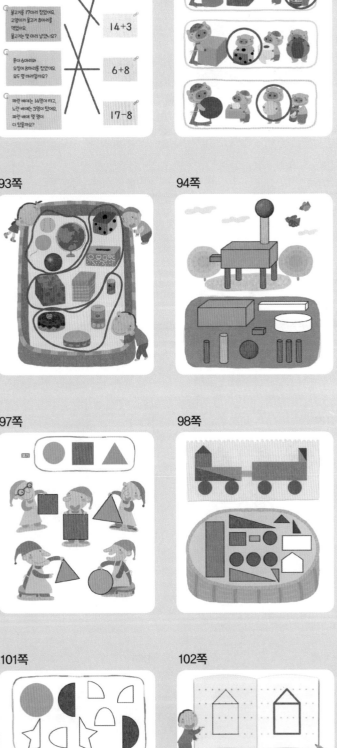

92쪽

93쪽

94쪽

95쪽

96쪽

97쪽

98쪽

99쪽

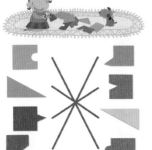

100쪽

101쪽

102쪽

103쪽

104쪽

105쪽

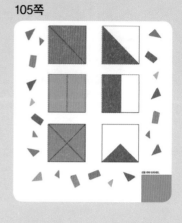

106쪽

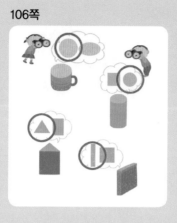

107쪽

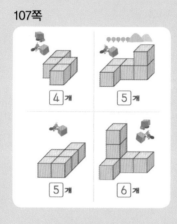

108쪽

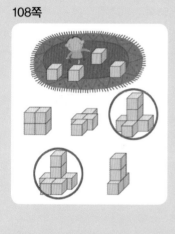

110쪽

111쪽

112쪽

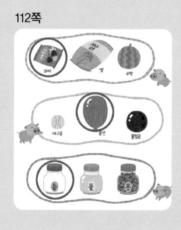

113쪽

114쪽

115쪽

116쪽

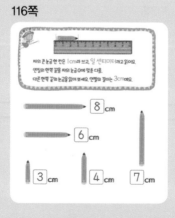

117쪽

118쪽

119쪽

120쪽
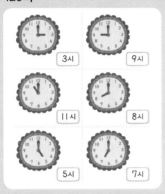

121쪽
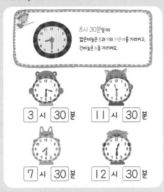

122쪽

123쪽
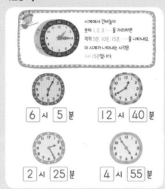

124쪽
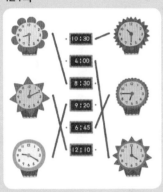

125쪽

126쪽

128쪽

129쪽

130쪽

131쪽
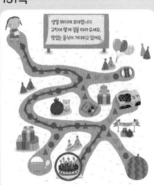

132쪽
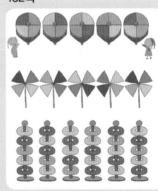

133쪽

134쪽

135쪽

136쪽

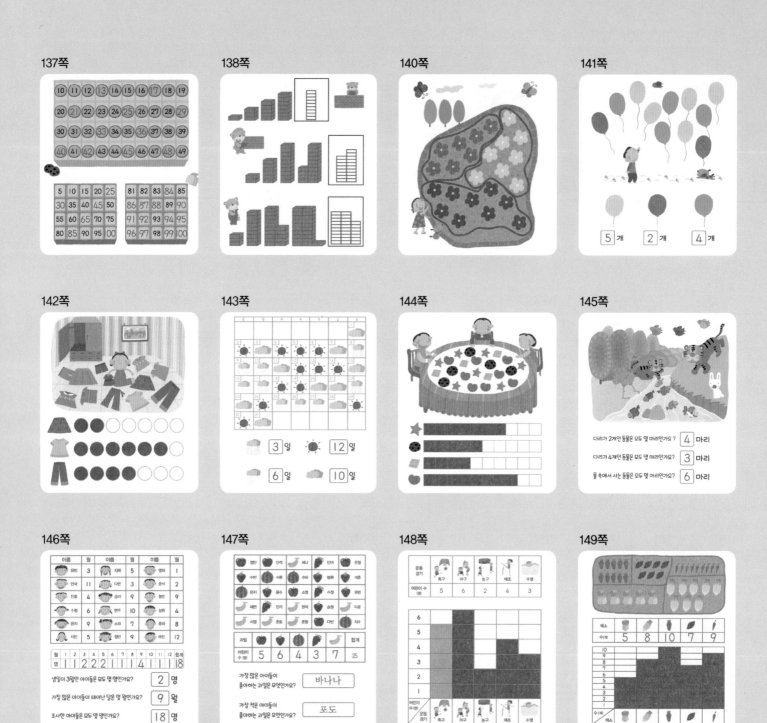

137쪽

138쪽

140쪽

141쪽

5 개   2 개   4 개

142쪽

143쪽

☁ 3 일   ☀ 12 일

☁ 6 일   ☁ 10 일

144쪽

145쪽

다리가 2개인 동물은 모두 몇 마리인가요? 4 마리

다리가 4개인 동물은 모두 몇 마리인가요? 3 마리

물 속에서 사는 동물은 모두 몇 마리인가요? 6 마리

146쪽

이름	월	이름	월	이름	월
유빈	3	지훈	5	영미	1
민석	11	다현	3	윤석	2
진호	4	승미	9	혜민	9
수현	6	연주	10	성민	4
은지	9	소라	7	종태	8
시원	5	정민	9	태진	12

월	1	2	3	4	5	6	7	8	9	10	11	12	합계
명	1	1	2	2	2	1	1	1	4	1	1		18

생일이 3월인 아이들은 모두 몇 명인가요? 2 명

가장 많은 아이들이 태어난 달은 몇 월인가요? 9 월

조사한 아이들은 모두 몇 명인가요? 18 명

147쪽

과일	🍎	🍉	🍓	🍌	합계
어린이 수	5	6	4	3	7	25

가장 많은 아이들이 좋아하는 과일은 무엇인가요? 바나나

가장 적은 아이들이 좋아하는 과일은 무엇인가요? 포도

148쪽

운동 경기	축구	야구	농구	체조	수영
어린이 수 (명)	5	6	2	4	3

149쪽

채소					
수(개)	5	8	10	7	9

150쪽

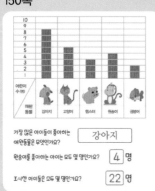

가장 많은 아이들이 좋아하는 애완동물은 무엇인가요? 강아지

원숭이를 좋아하는 아이는 모두 몇 명인가요? 4 명

조사한 아이들은 모두 몇 명인가요? 22 명